商务英语教学与人才培养研究

骆 薇 著

吉林出版集团股份有限公司
全国百佳图书出版单位

图书在版编目（CIP）数据

商务英语教学与人才培养研究 / 骆薇著 . -- 长春：吉林出版集团股份有限公司，2021.11（2023.1重印）
ISBN 978-7-5731-1044-2

Ⅰ. ①商… Ⅱ. ①骆… Ⅲ. ①商务-英语-人才培养-教学研究 Ⅳ. ①F7

中国版本图书馆CIP数据核字（2021）第280909号

SHANGWU YINGYU JIAOXUE YU RENCAI PEIYANG YANJIU
商务英语教学与人才培养研究

著　　者　骆　薇
责任编辑　杨亚仙
装帧设计　杜　婕

出　　版	吉林出版集团股份有限公司
发　　行	吉林出版集团社科图书有限公司
地　　址	吉林省长春市南关区福祉大路5788号　邮编：130118
印　　刷	唐山富达印务有限公司
电　　话	0431-81629711（总编办）
抖 音 号	吉林出版集团社科图书有限公司 37009026326

开　　本	720mm×1000mm　1/16
印　　张	10.75
字　　数	200千字
版　　次	2021年11月第1版
印　　次	2023年1月第2次印刷

书　　号	ISBN 978-7-5731-1044-2
定　　价	52.00元

如有印装质量问题，请与市场营销中心联系调换。0431-81629729

前　言

随着中国经济的快速发展以及对外贸易的增长，商务英语的重要性日益凸显，因此需要更多优秀的商务英语专业人才来助力商务活动的开展，这就给商务英语教学提出了更高的要求。商务英语教学的目标不仅是培养复合型人才，更是培养应用型人才，因此，教师应关注学生各项能力，尤其是交际能力的培养。良好的人际沟通能力和交流能力能够让学生在将来的工作中成功地建立商务业务关系。目前，我国的商务英语教学还存在一些问题，教师要对现存的问题做出客观的分析，并对商务英语教学进行不断探索。

当前中国的经济正处于发展期，需要大量的商务英语人才。从中国目前商务英语人才培养的实际情况来看，其仍然存在一些问题，这就要求学校与教师进一步落实好商务英语人才培养的具体要求，结合问题成因，制定科学有效的改进措施。此外，还要不断改善商务英语的人才培养模式，为社会的快速发展培养出更多优秀的商务英语人才。商务英语教学应该始终围绕人才培养的目标定位，在把握好商务英语教学基本原则的基础上，根据商务英语教学的特点，坚持以学生为中心，注重商务英语课堂教学与实践教学、传统教学方法与现代化教学方法的有机结合，从而充分调动学生商务英语学习的积极性、主动性，培养学生的学习能力、研究能力和创新能力。

本书是一本研究商务英语教学与人才培养的著作，全书共分为八章。第一章至第五章详细论述了商务英语教学的基础知识、商务英语教学的理论基础、商务英语的语言特征、商务英语的教学模式以及商务英语教学实践；第六章至第八章则系统分析了商务英语人才培养的基础知识、商务英语人才培养的模式以及商务英语人才培养的实现路径。层次鲜明，内容新颖。

作者以商务英语教学与商务英语人才培养为主题，分析和论述了当前相关领域的研究成果，并在此基础上提出了自己的理论和见解。与已有的同类研究成果相比，本书主要具有以下两大特色：

　　第一，结构清晰、内容全面，实用性强。本书主要分两大部分，其中第一章到第五章主要围绕商务英语教学展开研究，主要介绍了商务英语教学的相关知识，使读者能对商务英语教学的相关问题有更加直观的认识；第六章至第八章则是围绕商务英语人才培养展开研究，能使读者对商务英语人才培养的概况有更为清晰的了解，对读者而言有一定的参考价值。

　　第二，语言流畅，言简意赅。本书语言比较平实，简明扼要，在具体语言表达过程中，作者考虑到不同读者阅读和理解水平的差异，因此选用了平实的语言，有利于学习者的参阅与学习。

　　在本书写作过程中，作者查阅了大量的国内外资料和文献，吸收了很多与之相关的最新研究成果，借鉴了许多专家学者的观点，并在此基础上形成了一家之言。但是，由于时间仓促和个人能力有限，本书可能还存在很多不足之处，希望读者指教。最后，作者对给予本书巨大帮助的各位朋友致以最诚挚的感谢。

目　　录

第一章　商务英语教学概述

第一节　商务英语的界定 …………………………………………… 1
第二节　商务英语的教学现状及改进措施 ………………………… 2
第三节　商务英语的教学原则和方法 ……………………………… 7
第四节　商务英语的教学评价 ……………………………………… 16

第二章　商务英语教学的理论基础

第一节　人本主义教学理论 ………………………………………… 21
第二节　图式教学理论 ……………………………………………… 27
第三节　建构主义理论 ……………………………………………… 32
第四节　语篇分析理论 ……………………………………………… 41

第三章　商务英语的语言特征分析

第一节　商务英语的词法特征 ……………………………………… 43
第二节　商务英语的句法特征 ……………………………………… 48
第三节　商务英语的语篇特征 ……………………………………… 52
第四节　商务英语的修辞特征 ……………………………………… 60

第四章　商务英语的教学模式

第一节　商务英语教学模式概述 …………………………………… 65
第二节　商务英语翻转课堂教学模式 ……………………………… 68
第三节　商务英语多模态教学模式 ………………………………… 74
第四节　商务英语校企合作教学模式 ……………………………… 78

第五章 商务英语教学实践研究

- 第一节 商务英语听力教学实践 …………………………………… 82
- 第二节 商务英语口语教学实践 …………………………………… 85
- 第三节 商务英语阅读教学实践 …………………………………… 91
- 第四节 商务英语写作教学实践 …………………………………… 96

第六章 商务英语人才培养概述

- 第一节 人才培养的基础知识 ……………………………………… 106
- 第二节 商务英语人才需求和供给的现状 ………………………… 109
- 第三节 商务英语人才培养的目标定位 …………………………… 112
- 第四节 商务英语人才培养的理念 ………………………………… 121

第七章 商务英语人才培养的模式

- 第一节 当前商务英语人才培养模式存在的问题 ………………… 123
- 第二节 四位一体商务英语人才培养模式 ………………………… 128
- 第三节 复合应用型商务英语人才培养模式 ……………………… 137

第八章 商务英语人才培养的实现路径

- 第一节 增强学生的跨文化意识 …………………………………… 144
- 第二节 不断完善商务英语课程的设置 …………………………… 148
- 第三节 培养商务英语专业复合型教师 …………………………… 152

参考文献 ……………………………………………………………… 161

第一章 商务英语教学概述

商务英语教学不仅要提高学生的英语水平，还要提高学生的商务能力。本章首先分析了商务英语的基础性知识，接着进一步分析了商务英语的教学现状以及改进措施、商务英语的教学原则和方法，最后分析了商务英语教学评价的相关内容。

第一节 商务英语的界定

商务英语也被称为"国际商务英语"。所谓"商务"，指的是从事商业的活动。而"商业"实际上相当于"贸易"，它包括对外贸易和对内贸易。国际商务涉及众多领域，因而商务英语与这些领域密切相关。任何国与国之间或一个国家的企业等机构与另外一个国家的企业等机构之间的有经贸性质和商业目的的活动都可以涵盖在国际商务的范畴之中。由于国际商务活动涉及许多行业和部门，如银行、保险、海关、国际金融、国际贸易、国际经济、国际会计、国际物流、对外贸易运输、国际商法、企业管理等，我们可以将国际商务英语定义如下，即商务英语是人们在从事国际商务活动过程中经常使用的以及国际商务学科所涉及的英语。这些活动领域包括：国际贸易、国际经济、国际金融、国际商法、国际会计、国际营销、国际物流、国际支付、国际投资、企业管理、人力资源管理、银行业、保险业、海关事务、商品检查、检疫、旅游、商业服务等。简单来说，商务英语就是普通英语+国际商务行业英语。

从学科的角度来看，商务英语是研究商务英语教育规律、教学规律以及英语在国际商务环境中的使用规律的学科。既然英语有普通英语和专门用途英语之分，从实践的角度来看，商务英语可以分为普通商务英语和专业（或特殊）商务英语。

普通商务英语是个总的概念，而特殊商务英语则指某一个国际商务行业领域所使用的、带有明显的该行业特征的英语，如国际商务法律法规英语、国际金融英语、国际物流英语等。由于有了这样的分类，教师在开展国际商务英语教学时，必须根据特定的目的来制订教学计划、选择教材。目前市场中的一些国际商务英语教材就可以分为普通商务英语教材和专业商务英语教材。所以，商务英语不仅指人们在从事国际商务活动中所使用的英语，它还指任何涉及国际商务领域所包括的学科理论的英语，如金融英语、物流英语等。

综上所述，商务英语指的是：

第一，国际商务实践活动中用于跨文化商务交际目的的英语。

第二，国际商务学科理论所涉及的作为信息载体的英语。

第三，商务英语学科（是研究商务英语教育规律、教学规律以及英语在国际商务环境中的使用规律的交叉性学科）。

第二节　商务英语的教学现状及改进措施

一、商务英语的教学现状

(一) 学生英语综合素养方面的问题

1. 阅读习惯不良，阅读能力不强

在商务英语的教学中，很多学生都出现了阅读习惯不正确的问题。对于学生而言，拥有良好的阅读习惯十分重要，否则学生的很多阅读练习都是无效的。在具体的学习环节，不同学生身上的坏习惯也有所不同，学生的不良阅读习惯主要表现在如下几个方面：第一，有的学生在阅读时喜欢把内容低声读出来；第二，有的学生在阅读时喜欢一直用笔或者手指着材料中的文字进行逐字阅读；第三，有的学生在阅读中一旦遇到不认识的字或者词汇等就要立刻查阅字典，从而降低效率。上述不良的阅读习惯会对学生的商务英语学习产生较大的影响，因为商务英语和普通英语有较大的差别，商务英语的专业性更强，因而学生尽量不要把普通英语的阅读习惯带入商务英语的阅读中。

此外，在商务英语的阅读学习中，还有不少学生在阅读中只重视英语的词汇以及语法运用等，而忽略了商务英语材料语篇的结构以及语境等，这样学生就很难从整体上把握商务英语的材料内容以及主旨等，从而产生阅读障碍。

2. 商务词汇量不足

商务英语具有较强的专业性和实用性，因而在具体的商务英语阅读实践中，学生经常会遇到很多金融、经济以及商务等方面的专业词汇。通常这些专业的词汇在不同的领域拥有固定的内涵，有一些还是专有名词，因而对学生提出了较大的挑战。目前，不少学生的商务英语存在词汇量不足的问题，他们在商务英语的阅读中可能知道某个单词或词组的常见意义，却不知道这个单词或者词组在专业领域中的意义，因而学生很有可能就会按照单词或者词组的常见意义来理解这篇材料，这会导致学生无法精准理解商务英语材料的确切内涵，从而出现理解的偏差。除此之外，很多学生在阅读商务英语的材料时为了更加准确地了解材料的内涵，会选择一边阅读材料，一边查字典，这样学生虽然能够比较准确地了解商务英语材料的内容，但是学生的阅读速度会变得非常慢，从而降低学生的阅读兴趣，很多学生在阅读商务英语材料时会觉得这些材料拗口难懂，还需要花费很多时间，这也会使学生产生心理障碍。

3. 专业背景知识贫乏

在商务英语教学实践中，教师在讲授新课之初，会提前告诉学生课文中的生词意思，接着让学生自己阅读课文并理解课文的内涵。然而现实情况是，即使已经知道了生词的专业内涵，可还是有很多学生无法准确理解或者捕捉课文的意思，从而出现阅读的障碍。之所以出现上述情况就是因为学生缺乏相关的商务英语背景知识，他们对其他学科如金融专业、法律专业等知识了解很少，因而他们在阅读中就会遇到很多障碍。由此可见，在商务英语的阅读和理解中，商务英语的词汇量以及学生的专业背景知识都会影响学生对商务英语材料的理解。

（二）教学实践中存在的问题

1. 不能调动学生学习的主动性

商务英语是一门专业性很强的专门用途英语，它的教学内容体系十分复杂，不仅包括通用英语的知识和技巧，还包括很多商务英语领域专业的知识和技巧，如商务广告、商务信函等方面。实际上，商务英语是一个综合性很强的概念，它涉及很多专业的领域，如法律、金融以及贸易等，因而对教师提出了较高的要求。目前我国很多学校的商务英语教学课时有限，因而英语教师很难在有限的时间内将大量的商务英语知识和技巧传授给学生，商务英语的学习实际上更多地依赖于学生的自主学习。但我国不少学生缺乏独立自主学习的能力，他们在商务英语的课堂中提不起学习的兴趣，在课下也没有很强的学习积极性，并不知道该如何学习商务英语。在这种心理的作用下，学生会渐渐地对商务英语失去兴趣，从而放弃主动学习。由此可见，在实际的英语教学中，教师在商务英语课堂中没有采取有效的措施来激发学生的商务英语学习兴趣和主动性，这也是影响商务英语教学效率的重要因素。

目前，在我国很多学校的商务英语教学中，大多数教师采用的依然是传统的英语教学方式，即教师讲授知识、学生被动地接受知识。这种教学模式会大大地打击学生的学习热情。此外，在课堂中，教师一般都具有权威性，他们没有为学生创设足够多的发言机会，这样学生就没有机会来练习英语口语，从而降低学习的实效。

2. 教学效能较低

为了响应国家的政策，我国很多高校都实行了扩招，这样就使很多高校的教学中出现了如下情况，即一个班级中学生的数量很多，教师的能力以及精力等无法满足所有学生的学习需求。商务英语的教学也不例外，实际上在商务英语教学的实践中，英语教师使用同一种教学方法，这样教师就无法顾及学生的个性化学习需求，这也使一部分学生觉得学习内容太简单，没有成就感，同时使一部分学生觉得教学内容太难，他们完全跟不上进度等。总之，如果教师在商务英语的教学中无法做到因材施教，就会大大地降低商务英语的教学效率。

（三）教材方面的问题

1. 教材选材难度不一，缺乏时效性

目前，学校中使用的商务英语教材并不统一，教材的编写也存在一定的问题，具体表现在如下几个方面：第一，商务英语教材编排的难度相差较大，有些商务英语教材多选用报纸资料以及有影响力的网站材料，这些内容往往更加具有针对性，对于刚刚接触商务英语的学生而言，这些内容并不易理解，他们很难在较短的时间内学习并掌握这些知识。此外，还有一些教材的编排选用常见的具有较高重复率的商务英语材料，这也会打击学生的学习热情。第二，很多商务英语的教材更新比较慢，其中一些材料有可能已经过时或者脱离了人们的现实生活，因而商务英语教材编写还存在缺乏时效性的问题。

2. 教材编写模式单一，缺乏实用性

目前市面上有很多不同种类的商务英语教材，然而这些教材往往各具特色，不成体系，不能很好地辅助教师展开商务英语教学。这些教材只重视基础理论知识的讲授，忽视了教材的系统性、逻辑性，同时这些教材鲜少介绍商务英语的背景知识，实用性不强。

（四）教师方面的问题

商务英语教学涉及的知识面非常广，因而也对授课的教师提出了较高的要求，即从事商务英语教学的教师不仅需要具备扎实的英语基础知识，还需要具备很多其他专业领域知识，如金融领域、法律领域等。然而从当前的情况来看，我国很多高校的商务英语教师综合素质不强，有不少的商务英语教学是由普通的英语教师承担的，他们较少接触或者了解其他领域的知识，因而在教学实践中也不能很好地胜任这份工作。在实际的商务英语课堂中，不少商务英语教师向学生重点讲授他们熟悉和擅长的英语相关知识，但却花费较少的时间和精力来讲授专业的商务知识，如法律知识等，这样对学生的学习是十分不利的，学生很难学习到专业的知识，更无法准确应用商务英语知识。总之，在商务英语教学中，由于很多教师自身没有掌握相关领域的专业知识，因而大大地降低商务英语的教学质量，打击学生的学习积极性。

二、商务英语教学问题的改进措施

（一）课程设置多层次、多样化

在现代信息技术时代，教师的教学方式以及学生的学习方式都发生了较大的改变。对于教师和学生而言，他们现在可以从多样化的渠道获得所需的知识，这对于商务英语的教学而言是十分有利的。商务英语和其他很多学科都有较大的联系，因而在商务英语的教学中，教师也要重视商务英语与其他学科的关联以及融合，引导学生利用课余时间广泛地阅读其他专业领域的知识等，从而为商务英语的学习奠定坚实的基础。具体而言，商务英语课程在设置时应该遵循多层次、多样化的原则，即学校需要根据自身的实际情况以及学生的实际情况设置多样化的商务英语课程，从而提升学生的商务英语综合实力。在具体的商务英语教学中，教师应该重点提升学生以下三个方面的能力：第一，学生的英语语言表达能力；第二，学生的商务英语实践应用能力；第三，学生的英语人文素养。

（二）进一步提高商务英语的师资力量

在商务英语教学中，教师队伍是重要的组成部分，其对学生的商务英语学习水平产生较大的影响。目前，我国很多高校的商务英语教师队伍都出现了教师数量不多、教学水平不高等问题，因而学校都应该采取妥当的措施来改变这一现状。具体而言，学校应该从如下几个方面来提升商务英语教师的水平：第一，高校应该定期组织商务英语教师进行培训，提升教师的综合素质；第二，高校可以选择并组织部分教师到某一公司或者机构进行实践操作，从而加深教师对商务英语实践性的理解。

（三）改革商务英语的教学模式和方法

随着世界经济一体化进程的不断推进，中国与世界各国之间的联系变得越来越密切，文化的交流和贸易也变得越来越频繁。在这个过程中，商务英语发挥了十分重要的作用。为了使商务英语能够在特定的领域发挥应有的作用，高校很有必要改革现有的商务英语教学模式以及方法，从而为社会的发展培养更多的商务英语专业人才。具体而言，高校可以从如下几个方面进行改革：第一，在商务英语教学中增加师生互动，使学生成为学习的主人，确立学生的学习主体地位，这样才能激发学生的商务英语学习热情；第二，教师应该在商务英语的教学中尝试多样化的教学方法，如情境教学法、合作教学法等；第三，在商务英语教学实践中，教师应该为学生创设真实的教学环境，从而让学生有机会应用所学的商务英语知识等，提升教学的实效。

（四）学生实训教学科学化

在商务英语教学中，实训教学是一个重要的组成部分。实训教学不仅可以使学生更好地理解和掌握商务英语的基础知识以及技巧等，还可以为学生的商务英语练习创设一个相对比较真实的环境，从而使学生在实践中更好地运用商务英语的知识，为将来的工作奠定基础。第一，在商务英语教学中，教师要合理地规划商务英语理论教学和实训教学的比例，即教师应该坚持以理论教学为主、实训教学为辅的原则开展教学的相关工作；第二，学校应该尽量为学生提供多样化的商务英语实训机会，这样学生才能够在实践中锻炼自己的商务英语口语，并将所学的商务英语知识应用到实践中，提升其实际应用的能力。

第三节　商务英语的教学原则和方法

一、商务英语的教学原则

（一）以学生为中心的原则

在商务英语教学中，教师面对的主要教学对象是学生，因而教师有必要清晰地了解学生的特征，从而更好地开展商务英语的教学工作。通常学生的特点如下：第一，不同的学生之间存在个体差异，他们往往拥有不同的背景知识以及知识结构；第二，大多数学生都有较强的英语学习能力，他们对商务英语表现出一定的学习热情；第三，学生通常具有一定的创造力；第四，大学生已经学习了多年的英语，具备了一定的英语基础。

由此可见，我国的学生具有一定的自主学习能力，这也是开展商务英语学习的重要基础。在具体的商务英语教学实践中，教师一定要遵循以学生为中心的原则，在授课之前，教师需要熟悉和把握学生的基本特征、学习情况等，这样教师在设计课程时才能够更加有效、有针对性。例如，在商务英语教学中，教师在课堂中可以要求每个学生根据自身情况制作一个英文版的演示文稿，其中包括以下几点内容：第一，个人的基本简介，如学生的爱好以及特长等；第二，用英语介绍每个学生的家乡；第三，学生对商务英语这门课程的认识、看法以及适当建议等。借助上述演示文稿，教师不仅可以快速地了解每个学生，加深对学生的印象，还可以在较短的时间内了解每个学生的英语水平，从而在以后的教学中更加有针对性地开展教学工作。总之，在商务英语教学中，以学生为中心是一个基本的原则，它有利于教师和学生之间建立一种和谐的师生关系。

（二）教学内容的选择原则

1. 教学内容有重点

在商务英语教学实践中，当英语教师确定了一定的主题之后，如商务广告或者商务信函等，这时候教师就需要根据实际的情况来选择教学的内容。通常教师选取的教学内容主要包括两个部分：第一部分是教师要选择适合的课堂教学内容，第二部分是教师要为学生的课下自主学习选择适合的教学内容。需要强调的是，教师在选择教学内容时一定要注重培养和提升学生商务英语听力、口语、阅读以及写作等各个方面的技能，使学生获得全面发展。这就要求商务英语教师在选择教学内容时一定要有重点，做出适当的取舍，从而突出教学的重难点，这样也能够提高学生的商务英语学习效率。否则当学生面临教师提供的大量教学内容时，他们无法准确地找到教学的重点和难点，就会比较盲目地学习这些知识，这就会使学习的效率变得很低。

2. 内容形式显特色

商务英语是一种专门用途的英语，因而其具有较强的实用性，它也有自身的特色，教师在选择商务英语教学内容时一定要注重突出其特色。例如，在商务英语教学中，教师可以在授课的过程中增加有关国际贸易方面的理论知识，从而扩大学生的知识面，使学生对国际贸易产生更加深入的了解，从而为学生的商务英语学习奠定基础。

(三) 教材的选择原则

在商务英语教学中，教师以及相关的教育工作者需要根据教学的目标等来选择适合的商务英语教材，从而促进教学目标的实现。教师在选择商务英语教材时需要遵循如下原则：第一，全面性原则，即教师选用的教材内容要丰富、全面，具有系统性；第二，实用性原则，即教师选用的教材内容要紧跟时代的发展步伐，内容要及时更新，同时要为学生提供较多的商务英语实践机会；第三，针对性原则，即教师选用的教材要能够充分考虑学生的个体差异以及商务英语这门课程的特色，从而提升教学的效率。

二、商务英语的教学方法

(一) 项目教学法

1. 项目教学法的内涵

项目教学法产生的背景是：美国根据社会发展需要开展了进步教育的运动，随后欧洲的其他国家也开始纷纷尝试在教学中运用项目教学法并取得了一定的成效。纵观历史，项目教学法的应用范围十分广泛，很多教育改革中都用到了项目教学法。实际上，在17世纪左右，人们最早开始探索"项目"这个概念。在当时很多专业领域的专家和学者等相继提出了一些相似的概念，如"案例分析"以及"沙盘演练"等，只是这些概念具有较强的专业性。项目教学法和这些概念有很大的不同，它并不是基于经验而开展的教学活动，而是基于"建造性"的一种教学活动。

在项目教学法的开展过程中，教师和学生通常都是围绕着"项目"开展各项教学以及学习活动。在具体的实施过程中，通常都是由教师给学生分配一个既定的项目，然后学生根据教师的要求以及项目的各项要求、内容等来完成。在这个过程中，教师只是起到一定的辅助作用，学生才是学习的主体，学生根据项目的要求等主动查阅资料、分析问题、提出解决的方案并逐步解决问题等，从而完成项目。需要强调的是，教师在运用项目教学法时一定要充分考虑各个学科的知识和内容，教师设计的项目一定要尽可能地包含多个学科的内容，这样学生才能够在完成项目的过程中综合运用多个学科的知识和技能，提升自身的综合实力。

2. 项目教学法的特点

随着越来越多的学者了解并意识到项目教学法的优势和价值后，英语专业相关的学者就开始尝试着把项目教学法应用到商务英语教学中，从而为学习者将来从事商务英语有关的工作奠定实践基础。项目教学法具有如下几个方面的特征：

第一，实践性。项目教学法使用的项目主题都是和学生的实际生活联系紧密的主题，因而其有很强的实践性。

第二，自主性。在项目教学法中，学生可以根据教师的要求以及提供的材料自主开展学习活动，从而使自己变得更加自律。

第三，综合性。项目教学法在实践中会运用其他学科的知识和技能等，其需要学生具备较强的综合能力，这也反映了项目教学法的综合性特征。

第四，开放性。在项目教学法的应用中，学生的分析、探索、研究以及评价方式都是开放的，并不是固定不变的。

在商务英语教学中，教师开展教学的最终目的还是为了提升每个学生的英语语言表达和运用能力，因而通过项目教学法开展商务英语教学能够使学生在完成项目的过程中锻炼自己的商务英语口语，提升学生的商务英语自主学习能力以及知识储备，从而提升学生的综合实力。

3. 项目教学法在商务英语教学中的实施

在通常情况下，教师制订的项目都是一个完整的整体，因而教师在制订项目时需要充分考虑商务英语的课程特点，然后根据课程的特点、需求以及内容等来制订相应的项目，从而加深学生对商务英语相关课程的理解。

项目教学法具有很多其他教学方法无法比拟的优势，因而教师在教学中应该合理地利用项目教学法，使其发挥应有的价值。目前，在商务英语教学中，人们更加重视培养和提升学生的语言能力，如英语词汇及语法等的运用能力。然而人们需要面临的现实情况是，语言是人们在生活和工作中十分重要的沟通工具，它并不是一成不变的，语言会随着时间、环境以及文化等因素的变化而产生一定的变化，因而人们应该用辩证的眼光来分析语言的发展以及变化等。在商务英语教学中，教师采用项目教学法可以使师生更加客观地看待英语语言的问题。项目教学法教学理论的产生源自建构主义理论和行为主义理论。其强调学生在项目教学法中应该重视对知识的积极建构，同时要求学生在学习英语这门语言时要不断地模仿和练习，从而熟练地掌握英语的口语以及逻辑等。

现代社会发展十分迅速，人们在生活和工作中会面临很多不同的语境。因而人们要能够做到在不同的语境中使用不同的语言。对于教师而言，其在商务英语教学中使用项目教学法就要考虑到语境的差异，从而灵活地展开教学。

项目教学法是一种独具特色的教学方法，它在教学中使用的思维范式往往比较复杂，因而也对商务英语教学应用产生了较大的影响。因而在商务英语的教学中，教师要采用科学的思维范式，不要从片面的角度来分析和探究商务英语教学活动的各个环节。

(二) 情景教学法

1. 情景教学法的内涵

情景教学法的产生时间是 20 世纪 50 年代，有时人们也把情景教学法称为视听教学法。在语言教学中，教师会根据教学的需要来创设一定的教学情景，从而使学生可以更加生动直观地学习相应的知识，激发每个学生的学习热情和积极性，并使学生能够在实践中运用英语表达来解决特定的问题。

情景教学法的显著优势就是它可以让教学变得更为直观，使学生可以更加轻松地了解一些抽象的现象或者概念等，从而加深学生对知识的理解。在具体的情景教学实践中，教师在课堂中会采用多种方法来提升直观性，激发学生的创造力以及想象力等。例如，教师可以在教学中运用多媒体技术展开教学环节，也可以应用图片、模型以及音频等来展示抽象的内容，教师还可以利用自身的体态语言以及面部表情等向学生传递特定的信息。在实际的商务英语教学中，教师运用情景教学法的重点在于提升学生的商务英语听力水平以及口语水平。

2. 情景教学法的要点

在商务英语教学中，教师应用情景教学法需要遵循一定的原则，这样才能提升教学的实效和质量。简而言之，教师在商务英语教学中创设的情景一定要真实并有较强的实用性，使情景更加贴近学生的生活实际，这样才更加容易引起学生的共鸣。此外，由于学生个体之间存在差异，因而教师在创设情景时需要考虑学生个体英语水平以及理解力的差异。

（1）创设情景由易及难，帮助学生建立学习口语的信心

目前我国很多高校商务英语专业的学生在学习中面临的一个普遍问题是，他们对自己的英语口语十分不自信，无论在课堂中还是在课下，他们都不敢开口说英语，不敢用英语表达自己的观点和看法等。商务英语是一门专业性以及应用性都很强的学科，它要求学生用商务英语语言来沟通并解决一定的实际问题，因而在教学中教师就需要根据教学的主题和内容等来创设一定的教学情景，情景的创设需遵循循序渐进的原则，使学生有一个过渡学习的过程。这样学生就可以在教师创设的情景中练习商务英语口语，并渐渐提升英语的口语表达能力。在具体的教学中，教师所创设的情景可以从"商务会面"等常见的主题开始，然后再逐步提升主题的难度。在情景的练习中，教师要对学生的练习给予积极的评价，多鼓励学生，增强学生的口语自信心，这样学生才会更加有学习的动力。

（2）创设情景与教学目标紧密结合，教师应及时做出有效评价

商务英语具有较强的实用性以及商务性，因而教师在创设情景时一定要考虑商务英语的商务特征，而不能为了降低学生的学习难度而人为地创设脱离商务英语主题的情景，这样会大大降低情景教学的实效性。在教学中，教师创设的情景一定要紧贴商务英语的教学目标，突出商务性主题。此外，在商务英语的情景练习中，教师一定要时刻关注每个学生的英语练习情况，及时指出学生的问题并给出一定的建议等，从而使学生可以更加了解自身的商务英语学习情况，并及时改正自身的问题。

（3）商务英语口语教师应不断提高自身商务实践能力

商务英语具有较强的实践性，因而其对商务英语教师提出了很高的要求。教师要想很好地胜任这份工作，其不仅需要具备扎实的商务英语专业知识以及技能，拥有很强的商务英语口语表达能力，还需要具备一定的商务英语工作经验等，即教师在某个商务英语的领域，如商务贸易以及金融等领域，有过短期的培训或者实习经历等。然而目前我国的现实情况是，很多高校的商务英语教师都缺乏一定的商务实践能力，他们有很多本来就是英语教师，同时承担着商务英语的教学工作，由此可见，我国高校的商务英语教师应该不断提升自身的商务实践能力，从而在教学中能够正确把握商务英语教学的重点以及难点，能够有针对性地提升学生的商务英语应用能力，这样才能够提升教学的质量。

3. 情景教学法在商务英语教学中的应用

随着社会的快速发展，社会也对高校的毕业生提出了较高的要求，即高校毕业生必须具备丰富的理论知识以及实践能力，这样他们才能快速地适应社会，并在相应的岗位上做出成绩。对于学校而言，学校在商务英语的教学中可

以采用情景教学法,从而提升学生的商务英语综合应用能力,使学生可以在具体的商务工作中游刃有余,更好地适应工作。

(1) 学生角色扮演融入情景

角色扮演,就是指在教学中教师为学生创设一定的相对真实的情景,然后引导学生在情景中扮演一定的角色展开对话和表演,从而为学生的英语口语练习提供机会。在传统的商务英语课堂教学中,教师通常都是课堂的主导者,学生只能被动地接受各种英语知识,学生在课堂中几乎没有机会来锻炼自己的英语口语,也不敢提出自己的问题,这对于学生英语水平的提升是十分不利的。然而在商务英语的情景教学中,学生可以根据实际情况在情景中扮演一些角色,从而练习自身的商务英语,这对于学生而言是一个十分好的机会,它能够大大增强学生的自信心。需要强调的是,教师为学生创设的情景一定要接近商务英语的实际情景,这样学生的角色扮演才具有真实的意义。学生在工作岗位中面临相同的情况时,才能够更加自如地运用已经习得的商务英语知识以及技巧等来处理工作。

(2) 多媒体教学创设直观情景

在现代化的信息技术时代,学校的教师已经尝试着把各种先进的信息技术应用到英语教学中,从而提升教学的质量和效率,其中得到广泛应用的就是多媒体技术。多媒体教学具有很多传统教学不具备的优势,即它能够为学生呈现生动的视频资料以及音频资料等,从而使教师和学生可以更加生动直观地学习商务英语有关的知识、技巧以及逻辑等。随着中国与其他国家贸易往来日益频繁,商务英语的重要性日渐突显,因而教师应该不断创新商务英语的教学方式,从而提升教学的实效。教师将多媒体技术应用到商务英语教学中不仅能够激发学生的商务英语学习兴趣,还能够增强教学的直观性,加深学生对中西方文化差异等背景知识的理解,最终提升教学的实效。

教师把情景教学这种新颖的教学方法引入商务英语教学中可以很好地激发学生学习商务英语的兴趣,使学生意识到商务英语的重要价值和意义,并端正学习态度。对于教师而言,他们在教学中应用情景教学法时一定要充分结合自身的教学经验以及学生的特点、英语水平等,从而为学生创设更加真实、有意义的情景,激发学生的商务英语口语表达欲望,使每个学生都能够在具体的情景中畅所欲言,表达自己的观点和看法。

(三) 交际教学法

1. 交际教学法的内涵

语言教学和其他学科的教学有显著的不同，学校开展语言教学的主要目的在于培养和提升学生的语言应用能力，使学生在日常的生活和工作中可以运用已经习得的语言进行沟通和交流，从而解决现实的问题。目前我国的高校几乎都开设了英语专业，而商务英语则是其中一个十分重要的分支。通常商务英语的教学需要开设多门专业的课程，如经贸英语、商务谈判等。这些课程具有很强的专业性，其能够帮助学生在社会实践中更好地理解商务相关的知识等，从而更好地开展各项商务活动。

在语言学的研究领域中，人们有时也把交际法称为功能意念法。在实际的教学中，交际教学法不仅可以大幅度提升学生的英语语言能力，还能够提升学生的实际交际能力，从而可以使学生更好地适应社会。交际教学法的重要理论基础就是语言学相关的理论，如社会语言学。在外语教学中，人们使用交际教学法的根本目的就是为了提高学生的语言交际能力，从而发挥语言应有的价值。

实际上，对于学习者而言，他们在学校学习并掌握一门语言并不是纯粹为了学习各种语言理论，他们掌握语言的终极目标就为了在现实生活中运用这门语言开展交际活动，从而获取对自己有价值的信息、表达一定的观点或者抒发自身的情感等。在交际教学法中，它还强调了另一个重点，那就是人们在使用语言时一定要注意语言的准确性以及语言的使用场合，即人们应该在不同的场合使用不同的语言，这样才能够使人与人之间的交际变得更加和谐。学习者在学习一门语言时，应该从更加全面的角度展开学习，学习者不仅要全面学习和掌握一门语言的基础知识，如语言的词汇、语法结构以及语篇结构等，学习者还要准确把握这门语言使用的语用规则以及语言背后蕴含的文化背景等，这样学习者才会知道应该在不同的交际场合使用不同的语言。

2. 交际法在商务英语教学中的应用实践

学校开展外语教学的主要目的就是为社会的发展输送一定的外语人才，从而使这些人才可以在不同的文化背景中进行沟通和交流。学校开展的商务英语教学就能够很好地实现上述培养目标。从实践的角度进行分析，我国培养的涉外人才需要更高的商务英语交际水平。随着世界经济一体化的不断推进，社会以及国家需要更多的商务英语人才，可见学校培养具有综合素质的商务英语人才也是满足社会的发展需求。在时代发展的背景下，交际教学法应运而生并被教师和学生广泛使用，它能够较大幅度地提升学生的商务英语交际能力，使学生能够在各种真实的商务活动中进行交际。

(1) 采用"分两步走"策略来组织、开展教学活动

在商务英语教学中，教师不仅需要向学生讲授各专业领域的商务知识以及技能，还需要向学生讲授英语这门语言的各种知识和技能，因而这也对商务英语教师的教学能力提出了更高的要求，教师需要不断提升自身的综合素质，才能更好地胜任自身的工作。根据交际教学法的相关理论以及内容，教师在教学中可以采用"两步走"的教学策略来安排教学的环节，从而提升教学的实效。

步骤一：在实际的教学中，教师向学生讲授各专业领域的商务知识，如法律领域、贸易以及金融等领域的知识。这些专业知识的覆盖范围非常广泛，内容量比较大，而且相对比较抽象，具有一定的难度，因而英语教师在讲解这些专业的知识时一定要采用合适的教学方法，从而加深学生的理解，使学生更加直观地理解这些抽象的概念以及专业术语。在此教学过程中，学生不了解这些专业的知识，因而教师在这个过程中应发挥主导作用。需要强调的是，商务英语教师在讲解这些专业的商务知识时一定要使用英语进行表述，从而锻炼学生的英语听力以及理解能力。

步骤二：在商务英语的教学课堂中，教师安排一定的商务英语实践活动，从而动员和鼓励每个学生都积极地参与到丰富多彩的课堂活动中，如教师可以组织学生根据某个专题内容展开讨论，让学生根据商务领域的实际案例进行分析，也可以模拟一个商务贸易的洽谈活动等让学生参与。由于商务英语这门语言的专业性和应用性十分强，因而教师在课堂中组织学生开展各种课堂活动具有十分重要的价值和意义。需要强调的是，教师在组织各项课堂活动时一定要充分营造商务的氛围，增强学生的代入感，使学生商务英语的练习取得更好的效果。

分析可以发现，这两个教学步骤是紧密联系的。其中，第一个步骤是学生学习商务英语的重要基础，学生只有扎实地掌握了这些基础知识，才能更好地应用这些知识。第二个步骤是第一个步骤的延续，它也是学生学习商务英语的重要目的。

(2) 重视对商务专业基础知识及商务英语语言特征的分析

交际教学法的显著特点是：它在教学的过程中既强调培养和提升学生的英语语言能力，也强调培养和提升学生的日常交际能力，从而使学生可以在实践中更好地应用商务英语这门实用性的语言。

在我国很多学校中，只有在较高的年级才会陆续地开设商务英语相关的课程。学校这样设置课程是有一定的原因的，即商务英语这门课程具有一定的难度，涉及很多专业的词汇，因而它需要学生在接触和学习商务英语之前就拥有

一定的英语基础，并在头脑中能够积累一定的英语词汇量，掌握基本的英语语法、语篇规则等，同时学生应对其他英语相关专业的知识和技能等有一定的了解，这样学生才能够更加容易地学习商务英语。此外，需要强调的是，商务英语的专业性非常强，其语言表述中会出现很多专业词汇，如贸易、海关、保险以及仲裁等，因而其语言使用非常严谨，学习者一定要准确掌握商务英语领域中每个英语单词的准确含义，这样在应用时才会更加科学、准确，使交际顺利开展。

对于在学校教授商务英语的教师而言，他们在实际的教学中应该做到有所侧重，分清教学的重点，即教师在商务英语的教学中尽量不要把教学的重点放在普通英语的语言知识点教学中，而是把教学的重点放在商务英语和普通英语的语言差异对比分析上，从而让学生能够在较短的时间内掌握商务英语的专业词汇以及部分普通英语单词在商务英语领域中的特殊意义。其实，在商务英语中，有不少普通的英语单词被赋予了特定的含义，学生只有准确掌握了这些特定的含义，才能够更好地参与和完成商务活动，否则就会出现一定的理解偏差，从而对商务活动产生一定的消极影响。在商务英语中，人们会不断地重复使用很多专业的商务词汇，因而教师在教学中应该把商务的专业词汇作为教学的重点以及难点。

在商务英语的应用中，有一些普通的英语词汇被赋予了特定的商务内涵，下面举例分析：

①We are sending you the offer subject to our final confirmation.

②Please establish the confirmed L/C 20 days before the date of shipment.

③The seller shall present the following documents required for negotiation / collection to the banks.

上述三个例子是商务英语中常见的表述，其中在上述三个例句中分别出现了如下四个十分常见的英语单词，即"offer""confirm""negotiation""collection"，在普通的英语中，这四个单词的意思分别为"提供""确认""谈判""收集"，然而在上述商务英语的语境中，这四个词汇分别有专门的意思，即"报价""保兑""议付"及"托收"。很明显，在商务英语语境中，这些单词的含义具有较强的专业性以及准确性，因而学生需要重视商务英语中的专业词汇以及用法。

（3）强化学生的商业文化意识，增强对商业文化的敏感性

交际教学法的优点就是它可以培养和提升学生的英语交际能力，这对于学生而言十分重要。学生学习一门语言的最终目的就是为了在一定的语境中进行交际。学校通过商务英语教学可以为社会提供很多优秀的涉外人才，在培养人

才的过程中，教师不仅要重视语言的交际目的，还要重视学生商业文化意识的培养，从而使学生更加合理地判断语境。在通常情况下，商业文化是指一个国家中的居民在不同的商业活动中所体现和传递的经营理念、商业价值等观念等内容。世界上不同的国家拥有不同的民族以及文化，因而各国的商业文化也会存在一定的差异，这需要引起学生的重视。

由此可见，对异国商业文化知识的讲授应是商务英语教学的重要组成部分，教师应注重对不同国家之间商业文化差异的分析，强化学生的商业文化意识，增强对商业文化的敏感性。

（4）运用多种教学手段，强化学生的语言技能及商务技能

传统教学法片面强调语言理论知识的学习，而忽视语言的实际应用。而交际教学法不仅重视语言的学习，而且强调语言的实际运用，注重对学生交际能力的培养。交际能力培养是外语教学的目标和任务，是从事教学活动的根本出发点和归结。商务英语教学也应从培养学生的涉外商务交际能力这一目标要求为出发点，着力运用形式多样的教学手段和技巧，开展丰富多彩的课堂教学活动，使学生在语言技能及商务技能等方面得到训练和强化。在具体教学活动中，教师可根据教学内容的安排，有针对性地选择合适的教学手段，组织学生进行商务、语言技能的训练。

语言教学离不开教学理论的指导。运用交际教学法不仅能提高课堂教学效果、活跃课堂气氛、培养学生兴趣、增进师生交流，而且能使学生在语言技能及商务技能等方面得到很好的锻炼和强化。由此可见，交际法是目前指导商务英语教学的一种较为可行的语言教学理论。

第四节 商务英语的教学评价

一、商务英语教学模式评价体系

（一）形成性评价

形成性评价是教师在教学过程中对学生学习情况的及时反馈，即教师记录并评定学生在英语学习过程中所展现的态度、兴趣、参与度以及语言发展状况等。这种反馈可以帮助学生及时发现问题、纠正错误，同时能够给教师的教育活动提供及时有效的反馈。教师和学生可以通过评价更好地认识自己、发现问

题、解决问题并提高自己。形成性评价的优势在于能够使教师全面了解学生的学习情况,促进其学习进步。从学生的角度分析,学生在学习过程中既锻炼了自己的能力,又从教师的反馈中发现了自己的短板与不足,从而变被动接受为主动参与,提高了学习积极性。形成性评价改变了过去以教师为单一评价主体的情况,学生也成为教学活动的主体,教与学的过程得到了统一。

(二) 终结性评价

终结性评价是在学期末或课程结束时总结、概括一个人成绩的评价方式。终结性评价以结果为导向,以数字形式对学生进行评价和比较。终结性评价能够有效地检测学生知识的累积,但是无法反映学生的学习能力和潜力。终结性评价的作用主要是在课程结束时检查学生的学习水平,它是建立在学习经验的积累上的评价手段。考试只能衡量学生的卷面成绩,不能反映学生的整体学习能力,也不能预测学生未来的潜力,只能作为学习过程中一个片段的反映。对于学生来说,终结性评价就是以分数来反映自己的学习情况,但这一反映并不全面,分数不能完全反映学生的能力和发展潜力这两方面的状况。

(三) 商务英语教学与形成性评估体系构建

根据商务英语专业的教学目的,借鉴大学英语教学评估体系的利弊,我们提出关于商务英语专业评估体系的构建建议。

商务英语专业旨在培养德、智、体、美全面发展的,涉及国内外进出口贸易和其他活动的人才。这方面人才必须具有良好的职业道德和敬业精神,具有扎实的英语语言基础和较强的口语交际能力,能够掌握宽泛的商贸知识,熟练使用现代办公设备,具备运用英语从事商务活动的能力,熟悉通行的行业规则和惯例,能够适应生产、建设、管理和服务第一线需要,从事相关商贸业务、管理、翻译、外事接待等工作。

英语作为一门具有较强实用性的学科,教师在教学中就应将理论与实践相结合,使学生在实践中更好地体会语言的应用,相应的评价体系也要适应实践操作。对于学生的技能培养而言,形成性评价更易于达到教学目标。商务英语教学强调职场情景中英语运用能力的培养,教师要设计一些具有商务背景的情境任务,训练和考查学生在这一环境中的反应,培养学生的团队合作意识、沟通技能和创新能力等。而这些能力不能仅靠终结性的考试来进行评价,还需要运用形成性评价,如学生自评、互评和档案记录,以帮助学生了解自己在完成任务过程中的表现,使他们参照他人的评价来反思自己。

二、商务英语课程评价体系

目前，国内商务英语的课程设置几乎都是围绕英语和商务两大模块进行，对各门课程构建的必要性缺乏系统的理论支持和设置原则。随着商务英语的广泛应用，越来越多的人开始关注商务英语的课程改革，却忽略了课程评价理论的应用。

近年来，出现的较为优秀的评价模式是斯塔弗尔比姆（Stufflebeam）的 CIPP 评价模式。部分学者将 CIPP 模式运用到商务英语课程评价中形成了 CIPP 课程评价体系。CIPP 模式作为公认的、实用性强的评价模式，强调教育评价的改进作用，因此特别适用于商务英语课程体系的改进。从 CIPP 评价模式出发，可以分析目前课程体系的现状，发现存在的问题并给出建议，以推进和完善商务英语课程体系建设。

（一）CIPP 评价模式简介

课程开发的基本问题和核心环节是课程评价。我国以往是以拉尔夫·泰勒的目标导向评价模式为课程评价模式中心。该模式把目标、教学过程与评价作为一个循环圈，预先设定的目标是评价的唯一标准，评价过程中目标规定或涉及的对象为评价对象。显然这种模式将预先选择的目标提升到过程之上，然后根据目标选择经验并加以组织，最后通过评价确定目标的达成度。但随着教育理念的发展，这种目标导向难以评价教育活动中的非预期效果，如教师和学生的即兴发挥，以人为本的教育理念无法得到真正的实现。在目标基础模式上发展起来的过程导向模式更能满足教育实际的需求。

20 世纪 60 年代末 70 年代初，美国著名教育评价家斯塔弗尔比姆及其同事共同提出了 CIPP 评价模式。在一定时期内，CIPP 模式主要包括四种评价：背景评价（Context Evaluation）、输入评价（Input Evaluation）、过程评价（Process Evaluation）、成果评价（Product Evaluation）。"CIPP 模式"即取这四种评价的英文首字母缩写而成。

（二）CIPP 评价模式的阶段划分

21 世纪初，斯塔弗尔比姆感到四步骤的 CIPP 模式不足以描述和评价长期的、真正成功的改革方案，于是开始重新反思自己的评价实践。为此，他对其做出了补充和完善，把成果评价分解为影响、成效、可持续性和可推广性四个阶段。

第一，背景评价（Context Evaluation），其主要是评价所处环境的资源、需求、问题、机会。"资源"是指在本地可以得到专家提供的服务,"需求"主要指为了达到目标所必需的、有价值的事物,"问题"是指在满足需要时必须克服的障碍,"机会"主要指满足需要和解决相关问题的恰当时机。

第二,输入评价（Input Evaluation）是在背景评价的基础上对达到目标所需的条件、资源以及各备选方案的相对优点所做的评价。其实质是对方案的可行性和效用性进行判断,对本方案的设计和工作计划、本方案的财政预算等进行评价。评价的主要任务是：鉴别和调查已有的方案,以便作为新方案的对照；评价方案建议的策略。

第三,过程评价（Process Evaluation）是对实施方案的全过程进行检验、指导、监督、反馈。其目的一是为方案设计者、管理人员、执行人员提供反馈信息,以便让他们了解方案实施的进度,合理利用有效资源完成方案；二是用于发现方案实施过程中的潜在问题,为修正方案提供指导；三是为定期评估方案的人员提供有效信息。总之,过程评价在以整合改进实施过程为目的,实质上其类型为形成性评价。

第四,影响评价（Impact Evaluation）是对方案到达、影响目标受众的程度做出评价。该环节需要回答以下问题：（1）观察到了何种影响（肯定的和否定的、预期的和非预期的）？（2）各类资助人怎样看待这些影响的价值和优点？（3）获得满足了方案预期对象需要的程度如何？

第五,成效评价（Effectiveness Evaluation）主要评价结果的重要程度。评价人员需要做的是：访问主要的利益相关者；选出合适的受益人,进行深入的个案研究；汇总和评价方案对社区的成效；撰写评价报告；将成效评价报告整合到不断更新的档案库中,放入最终的评价总报告中。

第六,可持续性评价（Sustainability Evaluation）是对方案在何种程度上成功地制度化并得以长久实施下去进行评价。评价者访问方案领导和职员,方案的受益人确定是否有可持续的可能性和必要性,并通过讨论和反馈确定可持续性的程度。

第七,可推广性评价（Transportability Evaluation）是对方案在何种程度上能成功地被调适和应用于别处进行评价。评价者需要分析方案是否能够成功地应用于别处的程度,汇总和报告可推广性评价的发现。同时,在反馈讨论会上,讨论可推广性评价的发现,并撰写可推广性评价定稿,提出具体的改善措施,提供给委托人和公认的利益相关者。

CIPP模式是一种以过程为导向的决策模式,其主旨是目标的合理性和可行性，评价并不是为了证明，而是为了改进，不应单纯地以教学目标为中心，而应以决策为代表的社会为中心。评价应为决策服务，为决策收集、组织和报告信息，它是为决策提供有用信息的过程。因此，CIPP 评价模式的介绍与分析对丰富现行的商务英语课程体系建构具有指导和实践意义。

第二章　商务英语教学的理论基础

商务英语是中国与其他国家开展商务活动往来的重要基础，由此可见商务英语教学的重要性，本章重点探讨商务英语教学的理论基础，即人本主义教学理论、图式教学理论、建构主义理论、语篇分析理论。

第一节　人本主义教学理论

在很多西方国家，人们都比较重视教育，同时对教育进行了较大幅度的改革，其发展和改革的重要基础是各种不同的教学理论，其中比较重要的教学理论就是人本主义教学理论。人本主义教学理论的研究和发展离不开人本主义学习理论的相关知识，它强调在实际的教学中，教师应该始终坚持以学生为中心的原则，从而使学生自己成为学习的主人，这能够充分调动学生的学习热情，使学生确立正确的世界观、人生观以及价值观等。

一、人本主义教学理论的基本理念

（一）教学目的及宗旨

卡尔·罗杰斯（Carl Ransom Rogers）是美国著名的心理学家，也是人本主义心理学的重要代表人物之一，他对人本主义理论进行了深入的研究并提出了很多具有意义的教学观点。罗杰斯在具体的研究中，结合"性善论"以及"价值论"等观点提出了他的人本主义理论思想，即在罗杰斯的思想中，教育活动旨在培养学生各方面的能力，提升学生对社会的适应能力以及创新能力，从而使学生能够积极主动地开展学习活动。① 罗杰斯在其理论中强调，通过一定的教育活动，学生的各方面能力都能够得到提升和发展，学生的个性也能够得到一定的发展，同时学生具有更强的自主性、灵活性以及创新性，学生能够更加清晰地认识到自己的学习目标以及奋斗的价值等。

在人本主义心理学家马斯洛的"自我实现"的有关理论中，我们可以看到其非常重视人的发展以及成长。在马斯洛的理论中，教育的真正目的就是使个体实现自我的价值，形成和培养健全的人格等，而不仅仅是在教育中提升学生某个学科的成绩。由此可见，人本主义的相关理论十分注重学生的整体发展。

（二）学生是教学的中心

对于个体而言，其在生活和工作中都要不断学习和成长，这样他们才能够不断取得进步，这就要求个体不能安于现状，个体一定要改变自己，从而使自己取得发展和进步。对于学生而言，当他们在学习或者生活中遇到困难和问题时，他们在最初时往往愿意主动解决问题，这时教师的主要作用就是在教学中通过一定的措施来鼓励和帮助学生，从而增强学生的自信心，使学生敢于直面困难，并使学生从心理上敢于发现问题、分析问题，同时开动大脑来解决问题。这对于学生的成长而言是一个十分重要的环节。在人本主义的教育理念下，教师应该花费较多的时间以及精力等来积极关注学生的学习行为，从而营造一种和谐的学习氛围，增强学生的学习自信心，从而更好地体现"非指导性"。这样的教学理念可以使学生快速地成长起来，并使学生学会学习。

二、人本主义教学理论倡导的教学模式

在具体的教学实践中，罗杰斯尝试着把一些心理咨询的方式和方法等应用到实际的教学中，从而创新并提出了一种全新的教学模式，即人们比较熟悉的非指导性教学。他指出人们采用的传统教学模式具有很多弊端，传统的教学模式让教师以及教材等成为课堂的中心，忽视了学生学习的主体地位，同时传统的教学模式束缚了学生的思想，使他们成为学习的"奴隶"，学生在教学中只能被动地接受教师讲授的各种理论知识等。在非指导性教学中，罗杰斯强调了以下几个方面的内容：第一，教师在教学中一定要为学生创设一种愉快的学习氛围；第二，教师设计的各项教学活动要始终围绕着学生开展；第三，在具体

---

① 袁本钊，等. "教师助导 四轮驱动"教学模式的探索与实践 [M]. 青岛：中国海洋大学出版社，2015：13.

的教学中，教师要适当地转变自身的角色，从而更好地服务于学生的学习。然而需要强调的是，非指导性教学模式并不是和传统的教学模式完全对立的，它只是强调在教学中，教师应该给予学生更多自由学习的空间，从而使学生的学习更加自主、科学和有效。

实际上，在罗杰斯的人本主义理论中，其一直强调事物是处于时刻的变化之中，因而罗杰斯在研究中并没有提出一个准确的教学方法，然而我们通过分析其理论内容还是可以看到其"非指导性教学"的运用策略，下面具体分析其内容：

第一，教师要对学生充满希望，坚信学生可以独立地完成各项学习任务并能够自主地开展学习活动。

第二，教师要不断提升自身的团队合作能力，从而更好地和其他教师合作完成教学项目。

第三，在具体的教学实践中，教师要提前为学生准备和提供有用的学习资料。

第四，在学习的过程中，学生要善于发现问题，并采用多种学习方式来探究问题、分析问题和解决问题，从而制订合理的学习计划。

第五，教师在具体的教学过程中要为学生营造一种愉悦、舒心、开放的学习环境。

第六，对于学生而言，其最重要的是增强学习的体验，而不仅仅是学习理论知识。

第七，学生要加强自身的训练，同时有意识地自主开展各项训练活动。

第八，在学习的过程中，教师的评价很重要，学生的自我评价同样发挥重要的作用，这样学生才会更加深入地反思和剖析自己的学习活动。

在实际的教学中，教师要为学生创设良好的学习环境，从而提升学生学习的主动性。

三、人本主义教学理论倡导的师生关系

在罗杰斯的人本主义教学理论中，教师的角色和定位十分清晰，即教师就是学生学习的"促进者"。需要强调的是"促进者"和"控制者"这二者的意义不同，教师"促进者"的角色意味着教师可以更好地辅助学生学习。总而言之，教师的作用一般包含如下几点：第一，教会学生分析问题并解决问题；第二，引导学生通过合理的渠道收集各种有用的资料，并组织学生参与一定的教学活动；第三，为学生的学习提供及时的服务和帮助；第四，积极地参与学生的团体活动，并分享自身的独特感受。

在罗杰斯的教学理论中，教师如果想要更好地发挥其作为学生学习"促进者"的角色，就需要重视师生之间的关系，并构建出一种更加和谐的师生关系。这也对教师提出了更高的要求，具体包括如下几点：第一，教师在教学中必须真诚地对待学生。学生都是比较单纯的个体，因而教师要真诚地对待每个学生，不要随意批评学生，这样只会让学生畏惧教师；第二，教师在教学中要给予学生充分的信任，教师要相信学生可以独立完成很多任务，要积极地鼓励学生，这样学生才能够增强自信心。当学生比较顺利地完成教师布置的学习任务时，教师可以适当地鼓励学生，既可以是口头的语言奖励，也可以是一定的物质奖励，从而激发学生的学习动力；第三，教师一定要从学生的角度来理解学生的学习活动和行为。学生之间存在个体差异，因而教师要对学生宽容，包容每个学生的缺点，善于发现学生的优点并鼓励学生把自身的缺点转化为优点。

四、人本主义教学理论中的教学评价模式

罗杰斯在传统教学评价模式的基础上吸收和借鉴了"意义学习"等理论知识，提出了人本主义的教学评价模式。所谓"意义学习"，其强调的重点是学生可以参与学习的任何环节，如学习的评价环节，这样能够使学生更加清晰地认识自身的学习情况与不足等，从而主动地调整自己的学习行为。在人本主义的教学评价中，它极力地反对各种形式的外部评价，坚信我国以考试为主要考核手段的评价方式不合理，不够客观和公平，因而其极力地提倡学生个体开展自我评价，学生对自己的学习行为以及过程等根据一定的标准进行评价，这样的评价更加客观公正，有利于学生正视自己，同时提升自我。通过对比可以发现，学生进行自我评价可以使学生从更加多维的视角了解自我，从而完善自我。

五、人本主义教学理论在商务英语教学中的应用

（一）在商务英语教学中消除学习者的心理障碍

商务英语具有较强的实用性，因而人们会在很多专业、正式的场合中运用商务英语进行交流和沟通。在实际的商务英语教学中，人们经常会面临很多心理障碍，个体面临的常见心理障碍主要包括如下几种：第一，害怕使用英语进行沟通和交际，即英语交际畏惧；第二，害怕参加商务英语的各项考试，即考试焦虑；第三，害怕听到他人对自己的消极和负面的评价，即负评价焦虑。

在商务英语教学实践中，英语教师一定要认真系统地学习了理解各种心理学理论，并恰当地把心理学相关的理论知识应用到实际的商务英语教学中，从而探索出更加合理、高效的商务英语教学方法。此外，商务英语教学要适当地改革现有的教学评价的环节，即商务英语教师在具体的教学中可以多使用形成性评价，这样教师可以从多个层面来分析和评价学生。在商务英语的教学中，尽管考试的成绩非常重要，但是把学生的考试成绩作为唯一的评价标准也是不可取的，因而师生需要更加客观地看待考试的成绩。罗杰斯提出的人本主义教学对教师与学生之间的关系进行了研究，提出了和谐、融洽的师生关系是教学顺利开展的重要前提条件，这要求商务英语教师在具体的教学实践中重视调整好师生之间的关系，即教师和学生都要相互尊重对方，教师要爱护和关心每个学生，而学生也要理解、支持教师的教学工作，这样才能够使教师和学生在商务英语的学习中配合得更加默契。

（二）将人本主义教学法应用于商务英语写作教学

所谓过程教学法就是指在实际的教学中，英语教师把教学的重点放在了学生的英语写作过程中，从而引导学生在英语写作时能够及时地发现问题、分析问题并努力地解决实际问题，即强调过程的重要性以及意义。一直以来，很多专家和学者都认为过程教学法在应用的过程中能够充分地体现人本主义的相关教学思想和理念。过程教学法的优势主要表现在如下几个方面：第一，在教学中关注并重视学生的情感变化。第二，教师改变了传统的商务英语写作的批改方式，使学生能够以更加轻松的心态来看待英语写作，并且学生也能够提高其英语写作的质量和效率。

在实际的教学中，过程教学法在应用中也存在一定的弊端，具体表现在如下几个方面：第一，在过程教学法中，通常在学生开始商务英语的写作之前，教师并不会花费较多的时间来指导学生的英语写作，这导致很多学生在开始写作时由于缺乏范文而变得迷茫，他们有时候不知道该如何下笔或者不知道该如何确立写作的框架等；第二，学生在写作的过程中不关注也不重视写作文章的体裁，这样学生就会采用相同的方式来写作不同体裁的文章，这显然并不合适；第三，学生在开展商务英语写作之前没有掌握和积累足够的英语语言方面的知识，这样学生在写作时经常会出现因为找不到合适的英语单词而难以下笔的现象。

因而，对于高校的商务英语教师而言，其在教学实践中可以把人本主义的教学思想和观念等融入商务英语教学中，从而使学生更加高效地开展英语写作，发挥学生的优势。

第一，使学生成为学习的主人，确定学生的主体地位。在商务英语的写作中，学生才是写作的主体，因而教师要在教学中为学生创设一定的写作情景，从而启发学生对话题进行思考，并引导学生独立完成写作的任务。

第二，确立并巩固教师的主导地位。在具体的英语写作过程中，学生是写作的主体，但是这并不意味着教师一点都不重要。实际上，教师依然起着主导的作用，英语教师需要在学生写作时观察每个学生的情况，并提出一定的建议和指导，从而使每个学生都能够把自己对话题的理解准确地写出来。

第三，教学内容一定要丰富并且具有较强的实用性。在商务英语教学中，英语教师在选择写作的主题时一定要考虑多种因素，如学生的学习需求、生活经验、关注的热点以及学生的学习兴趣等，综合考虑上述因素之后，教师确立的商务英语写作主题以及题材等才会具有较强的实用性，才能为学生未来的职业奠定基础。

第四，教学的形式要具有创新性和多样性。在商务英语的写作教学中，教师可以采用多样化的教学手段来丰富教学，如采用情境教学、故事接龙以及网络教学等多种方式，从而激发学生对英语写作的热情。

第五，构建一种教师和学生和谐、平等相处的局面。在英语的写作教学中，师生之间的关系很重要，只有确立了平等的师生关系，学生才能够在英语写作中平等与教师沟通，敢于提出自己的问题以及质疑等，这也能促进学生积极思考。

第六，在教学评价中，教师应多采用鼓励性的语言激励和评价学生。在商务英语的过程写作教学中，教师需要明确指出学生存在的写作问题以及需要修改的地方，但是教师还要多鼓励学生，增强学生的自信心。对于学生而言，教师的鼓励非常重要，这是他们进步的无形动力。

第二节　图式教学理论

所谓的图式指的是把某一个主题当作中心，围绕这个主题组织起来的对于知识的一种表现和象征以及存储的方式，这是一种对于知识的认识模式。人所获取的知识会在头脑进行存储，这是大脑对于自己以前的经验的一种反应，学习的人员在接触新的信息时，会将这些新知识不断充实到已经存在的知识体系中。实际上，图式理论所研究的就是知识是怎样被表现出来的以及知识的表征是怎样让知识被有效地利用起来的。

一、图式教学理论的提出

（一）图式

图式一词最早出现在康德的作品中，他认为，概念这个词语只有和个人已经知道的信息有效地联系起来才具有意义。巴特利特（Bartlett）是著名的格式塔心理学家，其在20世纪20年代对图式这个概念进行了较为广泛的应用，并且对其进行了发展，他认为，图式就是把曾经的经验进行重组，从而形成新的知识结构，后来，随着现代化的认知心理学的产生，图式的概念更为丰富了。我们积极研究和学习认知心理学，对图式的功能进行了较为有效的概括：图式对人们阐释信息具有一定的作用；具有一定的推理作用；具有一定的迁移作用。在对信息进行处理的过程中，相互关联的图式被激活以后，人们可以借助图式提供的相关背景知识，从而对信息进一步进行推理。

所谓的图式指的就是把概念和可以感知的对象连接起来的纽带。当我们说到"手机"时，我们想到的不只是手机的外形，还有手机传播信息等各种各样的功能。在对手机这个概念进行解读时，我们就使用了图式。

（二）图式阅读

鲁梅哈特（Rumelhart）是美国著名的认知心理学家，其开展了非常多的实验，对图式进行了深入研究，使其成为一种比较完整的理论。最近这几年，图式理论更为广泛地发展起来，假如读者把其头脑中的图式和文章的信息建立连接，那么，就能容易地解读材料的内容。与之相反，则不能对材料的内容进行有效的解读。

在图式阅读的理论中，学习人员的阅读能力主要是由三种图式决定的：语言图式、内容图式、形式图式。这三种图式和文章的语言、内容还有表现的形式是相互协调、相互作用的，从而促进对语篇的解读。

1. 语言图式

所谓的语言图式指的是，一定数量的词汇和句法上的知识，能够衡量阅读人员对于阅读材料中的语言的掌握的程度。在各种图式中，最为基础的就是语言图式，假如阅读人员对语言图式不了解的话，也就不能识别文章中字词句的意义。

（1）增长词汇知识

要想阅读，首先需要做的就是对词汇进行辨别，把词汇的意义表现出来。如果阅读人员知道了某一个词语的含义和使用方法，那么，其也就知道了和这个词语有关的词语和概念，就是因为这样，我们才能更好地开展理解。比方说，当阅读人员在开展阅读的时候，如果遇到了"pro-democracy"这个词，因为比较陌生，所以就需要从大脑中调动一定的构词法来对其含义进行猜测。"pro"表示前缀，意思是"支持，赞成"；"democracy"的意思是民主，这样看来的话，"pro-democracy"的意思就是"赞成民主"。学习英语的人员就是使用这样的构词法来扩展其词汇量的，这也将会极大地促进其阅读理解能力的提高。

（2）增进对句子的理解

在阅读理解中，语法性的障碍通常都会出现在比较长的句子中。实际上，只要我们使用一定的语法手段来对句子进行正确的分析，即便是再长的句子都是可以很好地理解的。通常来说，如果句子比较简单、很容易理解的话，阅读人员是可以不用对语法结构进行考虑的，但是，如果遇到的句子是比较长的，并且理解起来比较困难的话，就需要对其展开语法分析，也就是对词语和词语之间、分句和分句之间、意义群和意义群之间的关系进行分析。由于英语句子把主谓的核心结构看作整个句子的框架，因此，我们只需要把句子中的主语和谓语找出来，也就能把握句子的核心了。在人文社会学和自然类科普知识性的说明文或者是议论文中，英语长句子是非常常见的，我们只要把句子中的主语和谓语都找出来，那么，整个句子的意思也就非常明了。

2. 内容图式

内容图式和文本的内容或者是语体有着非常紧密的关系，它们是语言环境在阅读人员的意识中的一种反映。内容图式促进了阅读理解的发展。很多研究发现，不论是在母语阅读中还是在外语阅读中，假如阅读的人员对于读物的内容非常熟悉的话，那么，其理解力就会比对读物不熟悉的阅读人员强。并且，内容图式还会对阅读人员的解释的倾向有所影响。安德森（R. C. Anderson）曾做过这样一个实验，让不同专业的学生一起阅读同一篇文章，等他们读完以后让其对文章的内容进行解释。心理学专业的学生会把文章当中的人物看作想要逃跑的犯人；体育专业的学生则把文章中的人物看作摔跤的人员。之所以出现这样的现象，就是因为不同学生的专业是不一样的，并形成了不一样的内容图式，故而也就对文本做出了不一样的解释。

3. 形式图式

所谓的形式图式指的就是和文本的结构或者是修辞的组织有关的图式，也就是和文本的构成相关的形式上的知识。在阅读理解中，形式图式是非常重要的，可以对阅读人员进行积极的引导，从而利于阅读者对文本进行推测。如果文本的类型不一样，那么形式图式也就不一样。如果让一个人阅读某篇神话故事或新闻报道，那么，不同的形式图式就会被激活。通常来说，神话故事都是根据时间进行论述的；新闻报道一般涵盖了人物、时间、地点、是什么、怎么样等内容。在真正阅读的时候，如果阅读人员的图式形式发展得比较充分的话，那么，其阅读时候的效率就会比图式形式发展得并不是很充分的阅读人员高。

二、图式理论和阅读理解的关系

不同读者脑海中的图式不同，这会导致他们语篇理解的差异。图式理论的控制结构就是自下而上对资料进行驱动型的加工，还有就是自上而下对概念进行驱动型的加工。在对文章进行理解的过程中，不论是从上而下还是从下而上，其运作都是在不同的层次一起发生的。当输入的信息和阅读人员的图式结构相吻合时，自上而下的概念就会促使二者同化；如果输入的信息和阅读人员的图式结构不相符合时，自下而上的概念就可以帮助阅读人员做出一定的反应。

由此可以看出，阅读人员对一篇文章进行理解的过程实际上就是阅读人员把自身的图式和文章中的信息有效连接的过程。只有阅读人员能将脑中的图式和文章中的信息连接起来时，才能理解作者的意思。

三、图式教学理论在商务英语教学中的应用

下面以图式教学的相关理论在商务英语阅读教学中的应用为例子分析图式教学理论在商务英语教学中的应用。

图式理论对于商务英语的阅读教学具有积极的作用，其把商务背景知识放

在非常重要的位置，因为这对篇章的理解具有积极的意义。在真正开展商务英语阅读教学的时候，教师需要把学生的图式非常充分地激发出来。

（一）帮助学生建立丰富的语言图式

所谓的语言图式指的是语言中的词汇、句子的语法，还有语用的知识，是语言使用人员最基本的语言能力的体现。要想开展交际，就需要使用语言这一载体，如果没有语言图式，我们就不能进行正常交流。在进行教学的时候，教师可以使用各种各样的方法来扩展学生的语言基本功，把其发散性思维能力激发出来，从而促进学生理解能力的提高。

在商务英语的阅读中，应该重视商务英语的词汇和句法的特点。在语言中，词汇是最基本的单位，我们要想把商务英语学好，就应对商务词汇和其使用的方法有所把握和了解。因为商务英语语言图式的特点对于阅读篇章的理解有非常重要的影响，因此，商务英语教师应该注重学生语言图式的激活。

怎样对商务英语输入一定的信息呢？图式理论认为，阅读并不是一个对语言进行一系列的加工的过程，而是把学习人员头脑中的本来就有的知识当作基础，从而进行取样、组织和验证的，从内到外的不断循环的过程。[①] 在进行阅读的时候，学习人员调用自己固有的知识辅助自己的理解，不断假设，不断验证，从而明确所要阅读的内容。所以，在商务英语阅读中，了解图式是非常重要的。在三种类型的图式中，最为基本的就是语言图式，对语篇的内容进行理解的依据是内容图式，形式图式是对内容进行激发的工具。这三种图式是相辅相成的，其中的任何一个都不能缺失。

传统意义上的阅读教学非常重视学生语言能力的培养，然而，商务专业词汇对于刚刚开始学习商务英语的人来说还是比较难的。帮助学生构建语言图式有助于他们阅读活动的开展。

（二）帮助学生建立丰富的内容图式

内容图式指的是语言的使用人员对于文本的主要含义的掌握情况。商务英语文本涵盖的内容是非常多的。在进行教学的时候，教师可以采用模块化的教学方式，对主题进行强化，从而使学生熟练掌握某一项内容，进而建构自己的商务知识图式，这样的学习就会具有比较强的针对性。教师可以对英美国家的风土人情进行讲解，从而培养学生的跨文化意识。商务英语的内容图式比较特

---

① 乐国斌．"互联网+"时代商务英语教学模式研究［M］．长春：东北师范大学出版社，2018：137．

殊，这是因为其背景和文化比较特殊。商务英语阅读材料与商务性的活动有关，其内容是在商务背景之下所进行的表达。现在的商务活动跨越全球各地，故而，商务英语阅读的材料反映出来的文化是非常复杂的。假如，我们阅读的相关资料和商务谈判有着非常紧密的关系，那么，阅读的内容图式就与商务谈判相关。假如阅读人员并不了解这方面的知识，那么就会影响阅读的有效开展。除此之外，假如阅读的材料与跨国谈判相关，那么其所牵涉的国家的文化背景就是构成内容图式的一个非常重要的方面。在不同的文化背景下，阅读者的谈判风格会有所不同，故而对阅读理解也会产生非常重要的影响。只有把阅读者的内容图式激活了，才能促进其阅读活动的有效开展。

在开展外语阅读的时候，外国的文化是内容图式的一个非常重要的组成部分。一个国家的语言并不仅仅只是语音+词汇+语法，其中还包含民族的文化。如果教师对一个民族的文化并不了解，那么就很难正确地开展阅读教学。在进行教学的时候，存在这样一种普遍的现象：即便学生对文章中的每一个词语和句子都很了解，但是，他们还是不理解文章的意思。图式理论认为，导致这种现象的原因在于学生缺乏相关的内容图式，或者是不能有效地调动内容图式，也就不能把文章和自己头脑中的知识有效地连接起来，最终不明所以。因为文化上存在差异，故而也就展示出了不同的内容图式，在阅读的时候如果不能灵活调用这些图式，就无法理解文章的内涵。分析商务英语阅读内容图式的目的就是让学生对各种各样的人文历史图式有所了解，以内容图式来理解语言图式，从而对作者的意图有所了解。

教师可以把一定的任务作为载体，积极采用"窄式阅读"的策略，从而帮助学生对内容图式进行建构。要把知识当作中心，输入内容图式。很多研究表明，阅读人员头脑中的内容背景方面的知识越丰富，也就越能集中注意力开展假设，其对文章的理解也就越透彻和准确。在开展商务英语教学的时候，教师可以发散性地讲述商务的相关背景知识，从而辅助学生深入地理解文章。

（三）帮助学生建立丰富的形式图式

所谓的形式图式指的是文章的题材和文章的结构方面的知识，其对文章的整体结构比较重视。在进行教学的时候，教师要把语篇当作单位，对其特点和结构等进行分析和讲解，提高学生的阅读能力。

商务活动中的英语阅读材料具有一定的稳定性，我们需要对其结构图式有所了解，只有这样，才能推动阅读活动的顺利开展。不论是文章的语言还是其结构，都会对阅读者产生一定的影响。形式图式是对文章的结构进行理解的基础。教师可以把任务的设计当作指导，使用整体式的阅读方法来辅助学生形式图式的建构。

第三节　建构主义理论

一、建构主义简介

建构主义（constructivism）也译作结构主义，是一种重要的学习理论。

（一）建构主义的代表人物

建构主义理论的主要代表人物有：皮亚杰、科恩伯格（Kornberg）、斯滕伯格（Sternberg）、维果斯基（Vogotsgy）等。

皮亚杰（Piaget）是认知发展领域最有影响的一位心理学家，他所创立的认知发展的学派被人们称为日内瓦学派。在皮亚杰关于建构主义的基本观点中，儿童是在与周围环境相互作用的过程中逐步建构起关于外部世界的知识，从而使自身认知结构得到发展。儿童与环境的相互作用涉及两个基本过程："同化"与"顺应"。同化是指个体把外界刺激所提供的信息整合到自己原有认知结构内的过程；顺应是指个体的认知结构因外部刺激的影响而发生改变的过程。同化是认知结构数量的扩充，而顺应则是认知结构性质的改变。认知个体通过同化与顺应这两种形式来达到与周围环境的平衡：当儿童能用现有图式去同化新信息时，他处于一种平衡的认知状态；而当现有图式不能同化新信息时，平衡即被破坏，而修改或创造新图式（顺应）的过程就是寻找新的平衡的过程。儿童的认知结构就是通过同化与顺应过程逐步建构起来，并在"平衡—不平衡—新的平衡"的循环中得到不断丰富、提高和发展。

在皮亚杰的"认知结构说"的基础上，科恩伯格对认知结构的性质与发展条件等方面做了进一步的研究；斯滕伯格和卡茨等人强调个体的主动性在建构认知结构过程中的关键作用，并对认知过程中如何发挥个体的主动性做了探索；维果斯基提出的"文化历史发展理论"强调认知过程中学习者所处社会文化历史背景的作用，并提出了"最近发展区"的理论。维果斯基认为，个体的学习是在一定的历史、社会文化背景下进行的，社会可以为个体的学习发展起到重要的支持和促进作用。[①] 维果斯基区分了个体发展的两种水平：现实

---

① 李斌，徐波锋. 国际教育新理念 [M]. 福州：福建教育出版社，2015：164.

的发展水平和潜在的发展水平,现实的发展水平即个体独立活动所能达到的水平,而潜在的发展水平则是指个体在成人或比他成熟的个体的帮助下所能达到的活动水平,这两种水平之间的区域即"最近发展区"。在此基础上,以维果斯基为首的维列鲁学派深入地研究了"活动"和"社会交往"在人的高级心理机能发展中的重要作用。所有这些研究都使建构主义理论得到进一步的丰富和完善,为实际教学应用创造了条件。

建构主义理论的内容很丰富,但其核心只用一句话就可以概括:以学生为中心,强调学生对知识的主动探索、主动发现和对所学知识意义的主动建构(而不是像传统教学那样,只是把知识从教师头脑中传送到学生的笔记本上)。以学生为中心,强调的是"学";以教师为中心,强调的是"教"。这正是两种教育思想、教学观念最根本的分歧点,也由此而发展出两种对立的学习理论、教学理论和教学设计理论。由于建构主义所要求的学习环境得到了当代最新信息技术成果的强有力支持,这就使建构主义理论日益与广大教师的教学实践普遍地结合起来,从而成为国内外学校深化教学改革的指导思想。

(二)建构主义理论的相关概念

建构主义理论一个重要概念是图式,图式是指个体对世界的知觉理解和思考的方式,也可以把它看作心理活动的框架或组织结构。图式是认知结构的起点和核心,或者说是人类认识事物的基础。因此,图式的形成和变化是认知发展的实质。

认知发展受三个过程的影响,即同化、顺应和平衡。

(1)同化(assimilation)是指学习个体对刺激输入的过滤或改变过程。也就是说个体在感受刺激时,把它们纳入头脑中原有的图式之内,使其成为自身的一部分。

(2)顺应(accommodation)是指学习者调节自己的内部结构以适应特定刺激情境的过程。当学习者不能用原有图式来同化新的刺激时,便要对原有图式加以修改或重建,以适应环境。

(3)平衡(equilibration)是指学习者通过自我调节机制使认知发展从一个平衡状态向另一个平衡状态过渡的过程。

二、建构主义理论的教学思想

(一) 建构主义的知识观

知识不是对现实的纯粹客观的反映,任何一种传载知识的符号系统也不是绝对真实的表征。它只不过是人们对客观世界的一种解释、假设或假说,它不是问题的最终答案,它必将随着人们认识程度的深入而不断地变革、升华和改写,出现新的解释和假设。

知识并不能绝对准确无误地概括世界的法则,提供对任何活动或问题解决都实用的方法。[①] 在具体的问题解决过程中,知识不可能一用就准,而是需要针对具体问题的情景对原有知识进行再加工和再创造。

知识不可能以实体的形式存在于个体之外,尽管通过语言赋予了知识一定的外在形式,并且获得了较为普遍的认同,但这并不意味着每个学习者对这种知识都会产生同样的理解。真正的理解只能是由学习者自身基于自己的经验背景而建构起来的,取决于特定情况下的学习活动过程,否则它就是被动的复制式的学习。

(二) 建构主义的学习观

学习不是由教师把知识简单地传递给学生,而是由学生自己建构知识的过程。学生不是简单被动地接收信息,而是主动地建构知识的意义,这种建构是无法由他人来代替的。

学习不是被动接收信息刺激,而是主动地建构意义,是根据自己的经验背景,对外部信息进行主动地选择、加工和处理,从而获得自己的意义。外部信息本身没有什么意义,意义是学习者通过新旧知识经验间的反复的、双向的相互作用过程而建构成的。因此,学习不是像行为主义所描述的"刺激、反应"那样简单。

学习意义的获得,是每个学习者以自己原有的知识经验为基础,对新信息重新认识和编码,建构自己的理解。在这一过程中,学习者原有的知识经验会因为新知识经验的进入而发生调整和改变。

同化和顺应,是学习者认知结构发生变化的两种途径或方式。同化是认知结构的量变,而顺应则是认知结构的质变。同化→顺应→同化→顺应……循环往复,平衡→不平衡→平衡→不平衡……相互交替,人的认知水平的发展,就

---

① 韩吉珍. 职前教师实践性知识研究 [M]. 太原:山西科学技术出版社,2016:95.

是这样的一个过程。学习不是简单的信息积累,更重要的是包含新旧知识经验的冲突以及由此而引发的认知结构的重组。学习过程不是简单的信息输入、存储和提取,而是新旧知识经验之间的双向的相互作用过程,也就是学习者与学习环境之间互动的过程。

（三）建构主义的学生观

在建构主义中,学习者并不是空着脑袋进入学习情境中。[1] 在日常生活和以往各种形式的学习中,他们已经形成了有关的知识经验,他们对任何事情都有自己的看法。即使有些问题他们从来没有接触过,没有现成的经验可以借鉴,但是当问题呈现在他们面前时,他们还是会基于以往的经验,依靠他们的认知能力,形成对问题的解释,提出他们的假设。

教学不能无视学习者的已有知识经验,简单强硬地从外部对学习者实施知识的"填灌",而是应当把学习者原有的知识经验作为新知识的生长点,引导学习者从原有的知识经验中,生长出新的知识经验。教学不是知识的传递,而是知识的处理和转换。教师不单是知识的呈现者以及知识权威的象征,而应该重视学生自己对各种现象的理解,倾听他们的看法,思考他们这些想法的由来,并以此为据,引导学生丰富或调整自己的解释。

教师与学生,学生与学生之间需要共同针对某些问题进行探索,并在探索的过程中相互交流和质疑,了解彼此的想法。由于经验背景的差异不可避免,学习者对问题的看法和理解经常是千差万别的。其实,在学生的同体中,这些差异本身就是一种宝贵的现象资源。建构主义虽然非常重视个体的自我发展,但是也不否认外部引导,即教师的影响作用。

（四）建构主义的学习环境

建构主义认为,学习者的知识是在一定情境下,借助于他人的帮助,如人与人之间的协作、交流、利用必要的信息等,通过意义的建构而获得的。[2] 理想的学习环境应当包括情境、协作、交流和意义建构四个部分。

(1) 情境。学习环境中的情境必须有利于学习者对所学内容的意义建构。在教学设计中,创设有利于学习者建构意义的情境是最重要的环节或方面。

(2) 协作。协作应该贯穿于整个学习活动过程中。教师与学生之间,学生与学生之间的协作,对学习资料的收集与分析、假设的提出与验证、学习进

---

[1] 林湛.学校形象识别系统的研究 [M].厦门：厦门大学出版社,2015：33.
[2] 崔昌淑.心理辅导课的教学研究 [M].广州：广东高等教育出版社,2014：42.

程的自我反馈和学习结果的评价以及意义的最终建构都有十分重要的作用。协作在一定的意义上是协商的意识。协商主要有自我协商和相互协商。自我协商是指自己和自己反复商量什么是比较合理的；相互协商是指学习小组内部之间的商榷、讨论和辩论。

（3）交流。交流是协作过程中最基本的方式或环节。比如学习小组成员之间必须通过交流来商讨如何完成规定的学习任务达到意义建构的目标，怎样更多地获得教师或他人的指导和帮助，等等。其实，协作学习的过程就是交流的过程，在这个过程中，每个学习者的想法都为整个学习群体所共享。交流对于推进每个学习者的学习进程是至关重要的手段。

（4）意义建构。意义建构是教学过程的最终目标。其建构的意义是指事物的性质、规律以及事物之间的内在联系。在学习过程中帮助学生建构意义就是要帮助学生对当前学习的内容所反映事物的性质、规律以及该事物与其他事物之间的内在联系达到较深刻的理解。

三、建构主义理论的教学方法

与建构主义学习理论以及建构主义学习环境相适应的教学模式为："以学生为中心，在整个教学过程中由教师承担起组织者、指导者、帮助者和促进者的角色，利用情境、协作、会话等学习环境要素充分发挥学生的主动性、积极性和首创精神，最终达到使学生有效地实现对当前所学知识的意义建构的目的。"[①] 在这种模式中，学生是知识意义的主动建构者；教师是教学过程的组织者、指导者、意义建构的帮助者、促进者；教材所提供的知识不再是教师传授的内容，而是学生主动建构意义的对象；媒体也不再是帮助教师传授知识的手段、方法，而是用来创设情境、进行协作学习和会话交流，即作为学生主动学习、协作式探索的认知工具。显然，在这种场合中，教师、学生、教材和媒体等要素与传统教学相比各自有完全不同的作用，彼此之间有完全不同的关系。但是这些作用与关系也是非常清楚、非常明确的，因而成为教学活动进程的另外一种稳定结构形式，即建构主义学习环境下的教学模式。

在建构主义的教学模式下，目前已开发出的、比较成熟的教学方法主要有以下几种。

---

① 袁本钊，等．"教师助导　四轮驱动"教学模式的探索与实践 [M]．青岛：中国海洋大学出版社，2015：10．

(一) 支架式教学

支架式教学被定义为："支架式教学应当为学习者建构对知识的理解提供一种概念框架。这种框架中的概念是为发展学习者对问题的进一步理解所需要的，为此，事先要把复杂的学习任务加以分解，以便于把学习者的理解逐步引向深入。"[1]

支架原本指建筑行业中使用的脚手架，在这里用来形象地描述为一种教学方式：儿童被看作一座建筑，儿童的"学"是在不断地、积极地建构着自身的过程；而教师的"教"则是一个必要的脚手架，支持儿童不断地建构自己，不断建造新的能力。支架式教学是以著名心理学家维果斯基的"最近发展区"理论为依据。在维果斯基的思想中，人们在测定儿童智力发展时，应至少确定儿童的两种发展水平：一种是儿童现有的发展水平，另一种是其潜在的发展水平。这两种水平之间的区域称为"最近发展区"。教学应从儿童潜在的发展水平开始不断创造新的"最近发展区"。支架教学中的"支架"应根据学生的"最近发展区"来建立，通过支架作用不停地将学生的智力引导到另一个更高的水平。支架式教学由以下几个环节组成：

(1) 搭脚手架——围绕当前学习主题，按"最邻近发展区"的要求建立概念框架。

(2) 进入情境——将学生引入一定的问题情境。

(3) 独立探索——让学生独立探索。探索内容包括：确定与给定概念有关的各种属性，并将各种属性按其重要性大小顺序排列。探索开始时要先由教师启发引导，然后让学生自己去分析；在探索过程中，教师要适时提示，帮助学生沿着概念框架逐步攀升。

(4) 协作学习——进行小组协商、讨论。讨论的结果有可能使原来确定的、与当前所学概念有关的属性增加或减少，各种属性的排列次序也可能有所调整，并使原来多种意见相互矛盾且态度纷呈的复杂局面逐渐变得明朗、一致起来。在共享集体思维成果的基础上达到对当前所学概念比较全面、正确的理解，即最终完成对所学知识的意义建构。

(5) 效果评价——对学习效果的评价包括学生个人的自我评价和学习小组对个人的学习评价，评价内容包括：①自主学习能力；②对小组协作学习所做出的贡献；③是否完成对所学知识的意义建构。

---

[1] 李庆元，等. 理解课堂　知识对接心灵 [M]. 武汉：武汉大学出版社，2016：173.

（二）抛锚式教学

这种教学方式的前提是建立在有感染力的真实事件或真实问题的基础上。确定这类真实事件或问题被形象地比喻为"抛锚"，因为一旦这类事件或问题被确定，整个教学内容和教学进程也就会被确定（就像轮船被锚固定一样）。建构主义认为，学习者要想完成对所学知识的意义建构，即达到对该知识所反映事物的性质、规律以及该事物与其他事物之间联系的深刻理解，最好的办法是让学习者到现实世界的真实环境中去感受、去体验（即通过获取直接经验来学习），而不是仅仅聆听别人（例如教师）关于这种经验的介绍和讲解。[①] 由于抛锚式教学要以真实事例或问题为基础（作为"锚"），所以有时也被称为"实例式教学"或"基于问题的教学"或"情境性教学"。

抛锚式教学由以下几个环节组成：

（1）创设情境——使学习能在和现实情况基本一致或类似的情境中发生。

（2）确定问题——在上述情境中，选择与当前学习主题密切相关的真实性事件或问题作为学习的中心内容。选出的事件或问题就是"锚"，这一环节的作用就是"抛锚"。

（3）自主学习——不是由教师直接告诉学生应当如何去解决面临的问题，而是由教师向学生提供解决该问题的有关线索，并特别注意发展学生的"自主学习"能力。

（4）协作学习——讨论、交流，通过不同观点的交锋，补充、修正、加深每个学生对当前问题的理解。

（5）效果评价——由于抛锚式教学的学习过程就是解决问题的过程，由该过程可以直接反映学生的学习效果，因此对这种教学效果的评价不需要进行独立于教学过程的专门测验，只需在学习过程中随时观察并记录学生的表现即可。

（三）随机进入教学

由于事物的复杂性和问题的多面性，要做到对事物内在性质和事物之间相互联系的全面了解和掌握，即真正达到对所学知识的全面而深刻的意义建构是很困难的[②]。为克服这方面的弊病，在教学中就要注意对同一教学内容，要在

---

① 李凤来，韩爱学，等. 技术提供支持 现代教育技术与应用 [M]. 保定：河北大学出版社，2012：32.

② 李兆义，桑苏玲，杨彦栋. 现代教育技术 [M]. 北京：北京理工大学出版社，2019：296.

不同的时间、不同的情境下、为不同的教学目的、用不同的方式加以呈现。换句话说，学习者可以随意通过不同途径、不同方式进入同样的教学内容，从而获得对同一事物或同一问题的多方面的认识与理解，这就是所谓"随机进入教学"。显然，学习者通过多次"进入"同一教学内容将能达到对该知识内容比较全面而深入的掌握。这种多次进入，绝不是像传统教学中那样，只是为巩固一般的知识技能而实施的简单重复。这里的每次进入都有不同的学习目的以及问题侧重点。因此多次进入的结果，绝不仅仅是对同一知识内容的简单重复和巩固，而是使学习者获得对事物全貌的理解与认识上的飞跃。

随机进入教学主要包括以下几个环节：

（1）呈现基本情境——向学生呈现与当前学习主题的基本内容相关的情境。

（2）随机进入学习——取决于学生"随机进入"学习所选择的内容，而呈现与当前学习主题的不同侧面特性相关联的情境。在此过程中教师应注意发展学生的自主学习能力，使学生逐步学会自己学习。

（3）思维发展训练——由于随机进入学习的内容通常比较复杂，所研究的问题往往涉及许多方面，因此在这类学习中，教师还应特别注意发展学生的思维能力。

（4）小组协作学习——围绕呈现不同侧面的情境所获得的认识展开小组讨论。在讨论中，每个学生的观点在和其他学生以及教师一起建立的社会协商环境中受到考察、评论，同时每个学生也对别人的观点、看法进行思考并做出反应。

（5）学习效果评价——包括自我评价与小组评价。评价内容包括：①自主学习能力；②对小组协作学习所做出的贡献；③是否完成对所学知识的意义建构。

四、建构主义理论在商务英语教学中的应用

（一）提升对学生情感教育的关注度

建构主义理论重视的是帮助学生不断积累学习经验，学生经验不同最终造成的构建结果也存在比较大的差异，并且结果还和学生的个体差异有着非常密切的联系。因此，商务英语教师在进行课堂知识教学时，应该认识到学生的个性化特点，了解他们擅长与不擅长的事物，将他们在知识与技能方面的优势充分发挥出来，这样才可以更加高效地完成深层次教学。同时，学生在进行商务英语知识学习时，因为自身成长环境与学习能力存在差距，所以他们基本上都有着自己的学习方法以及理解方式。所以，教师应该明确认识到这种差异的存在，给予学生充分的关爱与尊重，并以此为基础展开情感教育，鼓励学生大胆表达自身的想法以及情感，从而真正引导学生在知识学习过程中掌握目标、树立方法，提高他们参与知识学习的自信心以及知识建构的能力，为他们的英语核心素养提升做出更大的贡献。

(二) 将教师的主导作用充分发挥出来

教师在进行知识教学的过程中应该将学生放在课堂主体地位，并将自身的主导作用充分发挥出来，商务英语教学也不例外。只有教师对自身的作用以及地位有清楚深入的理解，才能够为后续学习活动的展开提供更为精确合理的指导。以建构主义理论体系中的支架式教学理论为例，这种理论明确要求教师在知识教学的过程中，应该给学生提供正确的指导，以此来帮助学生了解知识与技能，在师生间营造互助平等的合作关系。从教师角度入手进行分析可以发现，教师应该按照由浅入深的原则细分教学任务，以此来帮助学生对商务英语知识有更为深入地了解，并推动教学向更深的层次拓展。同时，在课堂教学过程中，教师还应该加强对学生的引导，肯定学习活动对学生全面发展的重要影响，从而帮助他们更为深入地了解学习目的与意义。另外，教师还应该明确认识并接受学生的个性化特点，与学生展开更为深入的沟通交流，鼓励学生大胆地将自身看法表达出来，引导他们建立明确的学习目标，从而将学生参与知识学习的自信心与兴趣充分激发出来，增强学生独立分析与解决问题的能力。例如，在进行商务英语阅读时，教师应该按照学生实际选择难度适当的阅读材料，这样才可以保护学生的自信心不受打击，锻炼他们的阅读以及协作能力。

(三) 打造更为合理的商务英语教学情境

在商务英语教学过程中，构建情境教学模式可以帮助学生更加高效地建构教学内容，这样能够让学生更为高效地完成英语知识的理解与应用。因此，商务英语教师在应用建构主义理论展开知识教学时，应该综合考虑商务英语的教学目标，综合考虑学生兴趣爱好与现实生活构建更具真实性特点的教学情境，为学生提供更为便捷的信息获取途径，引导他们构建更为系统的知识体系。同时，要想进一步提高教学质量，教师还可以综合应用情境创设以及任务式驱动等方法展开教学，并鼓励学生投入到自主讨论中去，构建更为完善的学习模式，帮助学生更为高效深入地理解知识。除此之外，商务英语教师在进行知识教学时，还应该鼓励学生合理应用互联网、多媒体影像资料以及文字等多种资源与教学辅助工具主动投入到任务思考探究中去，使学生通过实践锻炼思维，进而使他们的英语知识运用以及语言表达能力得到更大程度的提高。

第四节 语篇分析理论

一、语篇分析理论的基础知识

实际上,语言研究的专家和学者很早就开始研究语篇理论,语篇理论具有一定的研究基础,但它并不是一个全新的研究领域。从大约20世纪60年代开始,各个学校的外语教师就尝试着把语篇分析理论应用到实际的外语教学中,这将对学生的外语学习起到积极的促进作用。对于学习者而言,他们在学习一门语言时,不仅要学习和掌握这门语言的词汇和短语,还需要从整个语篇的角度出发来学习和分析文章,这样他们才能更加透彻地理解这篇文章的内涵、结构以及重点等。最近几年来,随着各个学校的英语教学改革不断推进,我国的大学英语四六级考试也进行了改革,目前,我国大学英语四六级考试的题型也发生了一定的变化,考试的出题人在设置考试的题目时更加侧重于考查学生的英语语篇分析能力,而不仅仅是考查学生对英语单词和词组的掌握情况。

关于语篇分析的定义有很多种,这是因为不同的语言学派的学者根据自身的经验以及研究等提出了不同的语篇定义。虽然各个语言学派提出的语篇定义不同,使用的专业术语也不同,然而他们提出的定义也有相似的地方,那就是这些学者在具体的研究过程中都扩展了分析的对象,即他们不再只是研究一个个单独的英语句子,而是研究一个段落或者一整篇材料。语篇分析就是指在教学或者研究中,人们分析一个段落或者一篇文章的各种语篇特征,如语篇的结构、特征、文化背景以及语境等因素。

二、语篇分析理论在商务英语教学中的应用

下面以语篇分析的相关理论在商务英语听力教学中的应用为例来分析其在商务英语教学中的应用。

在实际的商务英语听力训练中,学生通常会面临很多听力障碍,这也是由商务英语的专业性决定的。在具体的教学实践中,教师可以把语篇分析的相关理论应用到听力教学中,引导学生学会从语篇的宏观层面来分析听力的材料,从而更加准确地把握整篇材料的内容与要点。实际上,将语篇分析理论应用到

商务英语教学实践中是有一定的语言学理论依据的，即韩礼德的功能语法理论。所谓语篇功能一般就是指语篇能够给阅读者传递的信息以及呈现的各种语篇结构之间的关系等。不同的语篇有不同的结构，因而学习者要合理分析语篇的结构以及各个结构之间的关系，这样学习者才能够更好地把握语篇的内容以及重点，从而提升商务英语的实效。

实际上，学生在听英语材料的过程中，其大脑经过了如下变化过程：学生先仔细收听听力材料的内容，然后他们根据自身的英语词汇以及短语数量去寻找有关的语篇信息，根据已经获得的语篇信息等来猜测听力题目的答案等。对于学生而言，遇到的最大困难在于无法巧妙地利用各种已知的信息，对听力材料做出准确的判断。这时英语教师就需要根据学生的实际情况来引导学生，教会学生正确、科学的商务英语听力方法和技巧，从而使学生提升英语听力的实效。例如，在商务英语的听力教学中，教师要让学生意识到语篇对于英语听力的作用，从而让学生在听商务英语材料时改掉"先翻译英语听力的句子，然后再理解句子的意思"的习惯，使学生能够从语篇的宏观层面来理解英语听力的材料，从而保证做题的准确率。此外，需要强调的是，很多学生在商务英语听力中会出现慌乱的情况，他们难以在较短的时间内准确地把握整个语篇的信息以及结构等，甚至会紧张到头脑一片空白，这时教师要多给学生鼓励，让学生对自己充满自信心，这样学生才能够在英语听力中逐渐克服各种困难，提升听力的效果。商务英语教师在教学中要有意识地培养每个学生的语篇意识，其主要包括如下几个方面的要点：第一，学生在商务英语的听力中需要明白如下事实：在听一定的听力资料时会出现听不懂的情况，这是十分正常的。所以学生一定要调整好心态；第二，学生在听力的过程中要对有用的信息进行合理的推测，从而加深理解；第三，当学生没有听懂某一部分的内容时，学生也可以进行一定的心理暗示，即使这一部分的内容没有听懂也不一定会影响学生对整个材料的理解，这样学生才会有一定的心理优势，做出的判断才会更加准确和清晰。

除此之外，在实际的教学中，当学生已经完成一定时间的听力训练之后，教师要教会学生根据自身的实际情况来总结刚才学习的语篇内容，这个环节对于提升学生的商务英语听力水平有重要的意义。第一，通过分析语篇的内容，学生可以增强自身的语篇意识，同时学生可以更加清晰地知道自己听力出现错误的地方以及原因，为下一次听力做准备；第二，对于学生而言，可以把这次听力材料的语境信息等储备在自己的头脑中，以备下一次听力训练时借鉴使用。

第三章 商务英语的语言特征分析

商务英语的语言具有很多特征。在实际应用中要掌握商务英语的语言特征，保证使用的合理性，满足国际贸易的发展需求。本章主要论述了商务英语的词法特征、商务英语的句法特征、商务英语的语篇特征以及商务英语的修辞特征等方面的内容。

第一节 商务英语的词法特征

对于商务英语这门学科而言，它与其他的一些学科之间有紧密的联系，比如贸易、管理、经济等。当然，与普通英语相比，商务英语显然也具有自己的特色。以商务词汇为例，它不仅是一种特殊的语言，也是促成商务活动顺利开展的重要组成部分。与普通的词汇一样，商务词汇在语言的交流以及习得中所起的作用是非常大的，但是，它毕竟是一种具有专门用途的语言，也展示出了极强的专业性。在商务英语中，专业术语是比较多的，但是这些术语并不是由专业的商务词汇堆砌而成的，而是具有自身独有特点的。

一、缩略语的大量使用

随着经济全球化的进一步发展，不同国家之间的联系日益紧密，商务活动的开展也日益频繁，在当前快节奏的生活中，商务活动也更加高效。具体到商务表达环节，商务人员就需要在表达得体的同时注重表达的简洁性。所以，在长期的商务活动的铺垫下，大量的缩略语就产生了。

例如，商务英语中许多贸易的条款都是以缩略语的形式出现的，如 CIF (cost, insurance and freight) 成本加保险加运费的到岸价格；FOB (free on board) 船上交货；C.W.O. (cash with order) 订货付款；B/L (bill of lading) 提货单；L/C (letter of credit) 信用证；C.O.D. (cash on delivery) 货到付现；

M/T（mail transfer）信汇；T/T（telegraphic transfer）电汇；D/P（documents against payment）付款交单等。

在商务活动中，这些缩略语发挥了越来越重要的作用，并且其地位也得到了进一步提升。这些缩略语在常务活动中出现的频率也越来越高，并逐步形成了一种特色。

二、专业术语丰富

由于商务活动涉及涉外交际，所以需要从业者拥有较高的专业素养，在各种商务环节中，专业术语的使用也是非常普遍的。在商务领域中使用的那些具有专门用途的语言就是商务术语，相较而言，专业术语更为庄重，所以多在一些正式的场合中使用。专业术语一般都是非常规范的，所以在表达上应该体现其专业性。

在对外贸易的过程中，交易者来自不同的国家，他们拥有不同的文化背景，所以如果对彼此的文化没有深入的理解，就很容易产生交际障碍。在相关的国际贸易以及国际条例的约束下，卖方与买方都会据此约束自己的行为，信件是双方沟通的一种手段，拥有法律效力。

在商务词汇中，有很多的专业名词，为了将合同中的协议或者条款等清晰表达出来，就应该使用清晰的商务术语，所以，商务词汇的显著特点在于使用一些专业而科学的词汇。

例如，我们所熟知的 business（商业）、finance（金融）、trade（贸易）、marketing（营销）、quote（配额）、tariff（关税）、retail outlet（零售渠道）、bill of lading（提货单）、franchising（特许经营）等。还有一些日常交流中不常用，但在商务环境中常用的专业性词汇，如 blue chip（蓝筹股，绩优股）、bad debt（坏账）、quotation and offer（报盘与发盘）、terms of payment（付款条件）、commercial invoice（商业发票）、insurance policy（保险单）、draft bill of exchange（汇票）、customs invoice（海关发票）、certificate of origin（产地证书）、inspection certificate（检验证书）、packing list（装箱单）、license（许可证）等。还有一些能够反映宏观经济发展类的专业术语，如 GDP（gross domestic product）国内生产总值、GNP（gross national product）国民生产总值、NNP（net national product）国民生产净值及 NI（national income）国民收入等。

此外，经常在合同中出现的专业词汇，举例说明如下：

原文：During the 1980's, the large premiums paid in acquisition often resulted in prices that greatly exceeded the value of tangible asset.（大额溢价）

第三章 商务英语的语言特征分析

译文：20世纪80年代，在并购中所支付的大额溢价通常会导致价格上涨，并且远远高于有形资产的价值。

原文：Just as in that year, when those catastrophes were followed by substantial increases in insurance premiums, insurance companies are already lobbying for rate relief. （保险金、保险公司）

译文：和那一年的情况相类似，灾难过后随之而来的便是保险金的大幅度增长，保险公司现在已经开始在游说，希望可以减缓税收。

原文：Place goods in bond. （关栈）

译文：将货物（未完税的）存放入关栈。

例4：Liquidity refers to the ability of investors to exchange a financial asset, such as a bond or a share, for cash. （金融资产）

译文：资产折现力是指投资人将债券、股份等金融资产转换成现金的能力。

在商务英语环境中，那些普通的词汇以及语言也有了深刻的含义，这些词汇的意思或许会发生变化，从而表达出和原来截然不同的意思，因为处于不同的语境下，这些词汇拥有了新的意义。

这种单词有许多，如 advice 和 in favor of，这两个单词在日常生活中分别表示"建议"和"赞同"，但在商务环境下，需要将其翻译成"通知"和"……为受益人"或"……为收款人"之意。如：

Upon receipt of these sellers' delivery advice, the buyers shall 15~20 days prior to delivery date, open a transferable, irrevocable letter of credit in favor of the sellers for an amount equivalent to the total amount of the shipment.

译文：在收到卖方的交货通知后，买方应在交货日期15至20天之前开具以卖方为受益人，可转让且不可撤销的信用凭证，金额需与发票中的货物总额一致。

我们可以运用三个例子，将同一词语在商务或者是普通语境下的差异展示出来，这样可以更为直观地看出商务英语专业术语含义的多样性。

原文：You are entitled to claim a traveling allowance from the school.

译文：你有权向校方申请差旅津贴。

原文：We claimed on that shipping company for the loss involved.

译文：我们向那家船运公司就所涉及的损失提出索赔。

原文：No reference was made by anyone to the past.

译文：无人提及过去。

原文：My reference will prove to you that I am efficient and dependable.

译文：我的担保人会向你证明我的工作是高效的，并且我是值得信赖的。

原文：An average of twenty people apply each month.

译文：平均每月有20人提出申请。

原文：Industrial averages were up.

译文：工业股票的平均值上升。

所以，学生在学习商务英语的整个过程中，不应仅仅了解词语在普通语境中的含义，还应该明确其在商务语境中的含义。

三、遵循简洁、正式的原则

在当今的时代背景下，人们推崇效率的重要性，所以那些简单的词汇往往会让贸易伙伴之间的交流更为顺畅。一些复杂的词汇对于交易的双方来说是有理解难度的，甚至还会引起人们的误解，给大家带来一些不必要的麻烦。所以，不管是商务函电的书写还是日常的谈判，交际双方都应该遵循简洁的原则，一些模棱两可或者是有歧义的话语都不应出现。所以，在商务英语中，很少会有修饰语，商务词句一般都是比较简洁的。例如：

原文：Free From Average.

译文：一切海损均不赔偿。

原文：Owner's risk.

译文：损失由货主承担。

原文：Return if undelivered.

译文：投送不到，退回原处。

但是，商务英语毕竟还是要在具体的商务环境中使用，所以在沟通时，双方还应该遵循一些特定的原则，比如和平友好等，只有这样才能让贸易关系得以继续。所以，从书面表达上来说，商务英语应该遵循一定的惯例，从而保证其通用性特点，这样也能有利于提高贸易双方的接受度，从语言风格上看，还应该尽量避免那些过于口语化的方式。如because、about、if、like、for 等口语化词汇应该被 on the grounds that、with reference to、in the event/case of、in the nature of、for the purpose of 等更为正式的介词短语所取代。再如，口语中经常使用的动词短语 go on、add to 等，也应该变换成 continue、supplement 等正式的单个动词。

在一些具体的法律条文中，我们会发现其中存在一些古朴化的词汇，这也是一种严谨的表达方式，例如：

Commence   begin

Hereafter   from this time

Hereof　of this; relating to or belonging to this document
Hereby　as a result of this
Herewith　with, this
Herein　in this place, document
Thereafter　afterwards

四、新词的大量涌现

随着信息技术的发展，在日常的语言中，一大批新的词汇得以产生，在商务英语中也产生了很多的新词。显然，商务英语具有极强的综合性，并且与当下的经济政策或者时政等都有紧密的联系。随着时代的发展，商务英语词汇也在逐步更新并吸纳了一些新的词汇，在很多的报纸与期刊中，我们都可以发现商务新词的身影，并且也在行业内部得到了应用。

在20世纪90年代，出现了一些比较典型的因公司企业管理方式的变革而产生的新词，比如 CEO（首席执行官）等，还有现如今的一些派生词汇，如 e-commerce/e-business（电子商务）、e-book（电子书）、e-economy（电子经济）、e-banking（电子银行）、online marketing（网上营销）、venture capital（风险投资）、soft-landing（经济软着陆）、knowledge-based economy（知识经济）、multinational（跨国公司）、hi-tech industry（高科技产业）等。

与以往相比，我们的生活更加智能了，伴随着智能时代数字化信息的到来，在商务活动中也出现了一些与之相关的新型名词。

例如，sustainable development（可持续发展）、the globalization of the integrated economy（全球经济一体化）、digital global（数字化地球）、paperless office（无纸化办公）、head hunter（猎头公司）等。还有一些新词是通过原有词汇的不同语义搭配而产生的。如"venture capital"，直译为"冒险资本"，但实际上表示"风险投资"。它是指人们对市场前景看好的产业，包括高科技、信息产业等有意义的冒险创新事业，给予一定的资本支持和鼓励。由于其产业的性质，决定了此类投资风险较大，故称之为"风险投资"。又如 start-ups，指刚刚起步的企业，它们鲜为人知，因此又被称之为"创业基金"。像这类词汇还包括 start-ups：新兴企业（原意是起步、启动、开始）、emerging markets：新兴市场（"emerging"原意是指出现、浮现、形成）、virtual store：虚拟商店（专指在网络电子空间上设立的商店）、turkey solution：一条龙解决方案、win-win negotiation：双赢谈判、intelligence cards/smart cards：智能卡片等。

第二节 商务英语的句法特征

从本质上来说,商务英语是一种使用性的文体,简洁以及严谨是其最为明显的特点。各种商业活动的开展也是非常严谨的,所以双方在进行洽谈时也应该重视自己的语言表达是否明白并具有逻辑性。

在投标文件以及商务合同中,商务英语的句式结构比较复杂,尽管句子复杂,但是却能保证其表达的意思更客观,更利于交易双方理解。通过观察这些句子的结构,发现其形式基本上是固定的,所用的修饰词与限定语也很少,但是却有很多的从句以及被动语态等。显然,那些从句的利用更能让人们明确整个句子的意思。

一、语句清晰、表达简明

商务英语的句子一般都是比较简明的,一些排比句以及简单的复合句也经常出现。

原文:We are delighted to receive your letter of November 18 asking whether we can supply you with Art No. 6120.

译文:很高兴收到你方 11 月 28 日来函,询问我方能否提供 6120 号货品。

同时,清新明快、简洁明了还体现在缩略语的使用上,这类缩略需要获得双方的认可。例如,A/C(account)、ENCL(enclosure)、FYI(for your information)及 I.R.O.(in respect of)等。

借助于简洁的句子,那些商业信息能够获得更为有效的传播,所以这些句子被广泛地运用到了商业信函中。

原文:We are a dealership chain specializing in personal computers. We were first established in Hong Kong in 1980. We now have a steady clientele in both the business and educational sectors.

译文:我们是一家专营个人电脑的特许连锁经营店,于 1980 年在香港首次成立。本公司现拥有固定客户,覆盖商业和教育领域。

上面的几句话都拥有独特的含义,尽管简洁却能清晰传达出特定的含义,所以也更利于我们的理解。对于那些经常使用外贸函电的人来说,他们往往会积累更多的固定用法,在长期的国际商务沟通中,一些固定的表达方式被更多的人接受并传承下来。对于外贸人员来说,就应该通过多读多积累从而掌握更多的相关知识。

在商务英语中，贸易的双方多会采用直接的表达方式，鲜少运用间接的表达，也不太用将来时态，为了让自己的意思能表达得更为清晰，一套固定的语言已经逐步形成，常见的有 Thank you for your letter of、We are in receipt to your letter of 等；We are looking forward with interest to your reply. 可译为"盼复"等常用套语。又如：

原文：We thank for your letter of 18th February and confirm our cable of today's date, which reads as follows.

译文：兹复您 2 月 18 日的来信，并确认我方今天发出的电报，内容如下。

在商务信函的结尾，是存在一些固定的表达方式的，如果请求对方做某事，则汉语中经常会用到"……将不胜感激"，而商务英语信函中则常使用 We would appreciate、It would be appreciated 等。例如：

原文：In accordance as your request, we send you here with a statement to your account which we hope you will find correct.

译文：兹按照您的要求，现寄送结算报告一份，请您查收。

原文：It would be appreciated of you could quote your prices of CIF Shanghai for computer.

译文：请您报电脑的上海公司到岸价，我方将不胜感激。

二、被动语态、后置定语的使用

在汉语中，被动语态并不常见，但是在商务英语环境中，被动语态却得到了广泛使用，因为使用被动语态可以让论述的客观事实更为准确。在某一过程的论述中，往往是叙事推理所强调的客观事实更为准确。在具体的句子中，如果多使用第一、第二人称，那么就会让人觉得这个句子具有很强的主观性，所以，叙事的时候第三人称是经常被使用的，运用此种句子的目的不是为了说明"谁在做"，而是为了阐明该怎么做。

在英语中，被动语态是非常常见的，它们往往具有表达严谨、语义正确等特征，如果在商务英语中使用被动语态，则不需要将施动者明确表示出来，但是却可以降低主观性，提高论据的可信度。所以，在商务英语中使用被动语态可以使得文本更为严肃，也符合商务文体的标准。

原文：I am requested by the Procurement Department of our company to inform you that the stainless steel we ordered from your company has not yet been delivered. According to the sales contract, however, the steel should have been delivered not later than June 12th (last Thursday). Will you be so kind as to institute enquires concerning this non-delivery as our construction work is being seriously delayed?

译文：我公司采购部委托我通知贵公司，我方从贵公司订购的不锈钢至今尚未发货。而根据销售合同规定，贵公司应在6月12日，即上周四之前交付完毕。由于我方施工任务因此已遭受严重推迟，故恳请您能否就此事进行过问。

上面这一段中被动语态的处理是非常典型的，并且处理得也非常成功。通过被动语态的使用，作者提出了为何货物不能按时交付的质疑，并明确指出了这对我们工作所造成的困扰。但是，在阅读的时候，读者并没有感受到任何的负面情绪，那么，这种处理方式是就最佳的。

由于汉语重意合，所以那些固定的句子形式并不是我们所推崇的，只要能表达出特定的意思，让上下句子之间有逻辑关系，并能表达出自己的意思就可以，所以汉语中的被动语态并不常见。可以看出，在商务英语句法中，被动语态出现的频率是比较多的。

原文：... the case shall be handled in accordance with the relevant provisions.

译文：……应该按照相关规定来办理此事。

原文：I am afraid you leave us no choice but to take other steps to recover the amount due to us.

译文：恐怕您已使我方别无选择，只能采取其他措施收回我方应得款项。

原文：The goods are delivered according to the terms and conditions stipulated.

译文：货物是按照所规定的条款和条件来进行交付的。

原文：Visitors are requested not to touch the exhibit.

译文：参观者请不要触摸展品。

三、长难句、复合句的应用

在商务英语中，我们应该多使用简单句子，因为这些句子能够便于我们理解，而且也不会像长句那样引起歧义，从而能有效促进交往双方的沟通。相较而言，商务英语是比较严谨的，那么句子中出现一些长难句也是很正常的。由于经贸合同具有法律性质，所以使用一些具有修饰语的长句能让句子的意思更为明晰、细节更突出。可以看出，这些长句的句式是比较复杂的，并且也会使用一些短语以及从句等对句子的成分进行限定，甚至一个长句就可以独立成段。

原文：At the same time, most probably, critical man power shortages would still exist in the United States in many skilled occupational fields in addition to managerial in competence.

译文：与此同时，在美国许多技术性职业领域中，除了经营管理上的无能外，严重的劳动力匮乏问题很可能仍然继续存在。

原文：The duration of patent right for utility models or exterior designs shall be 5 years, which shall be effective from the date of filling an application.

译文：使用模型或者外观设计的专利权期限为五年，时间从申请日期起开始生效。

除此之外，在商务英语中，一些并列句以及复合句等也是比较常见的。根据从句位置的不同可以将附合句分为多种从句。在并列句中，各个句子的地位是同等的，并没有明显的主次之分，一般而言，一些常见的连接词或者是标点符号等都可以用来连接特定的句子成分。下面举例分析：

原文：Factories will not buy machines unless they believe that the machine will produce goods that they are able to sell to consumers at a price that will cover all cost.

译文：若是不相信那些机器生产出的产品售价能够回本，厂家是不会购买的。

这是一个复合句，由一个主句"Factories will not buy machines"和四个从句构成。其中 unless 引导条件状语从句，第一个 that 引导宾语从句，后面两个 that 均引导定语从句。

原文：Employees' participation in decision-making must be encouraged by fostering a suitable culture supplemented by a reward system; otherwise it soon wanes.

这是一个由两个分句构成的并列句，Employees' participation ... by a reward system 是第一个分句，otherwise 引导的是第二个分句。第一个分句虽是简单句，但结构成分较复杂，by fostering a suitable culture supplemented by a reward system 是用来表示方式的现在分词短语，其中使用过去分词短语 supplemented by a reward system 来修饰 culture。整个句子共包含三层意思：①鼓励员工参与决策；②培育适宜的文化氛围，并辅之以薪酬体系；③否则员工的参与度会逐渐消退。

在一篇文章中，如果长句频繁出现，那么文章就会显得更为缜密与严谨，在长句中修辞语以及从句等都是非常常见的，所以不可避免地会遇到一些冗杂的句子，这对于我们的理解是有难度的。尽管句子非常长，但是这些句子一般都遵循固定的句式，要想对这些句子做到准确理解，就应该明确句子的主干，分清楚哪些部分是从句以及限定语，只有如此，才能对句子进行整体把握。下面再用一个例子来做具体分析：

原文：Observers say reforms that at first sight appear to be relatively simple have turned out to be a nightmare because individual countries are so reluctant to remove any barriers that might reduce their importance in the overall financial system.

译文：观察人士认为，最初看似简单的改革最终将成为一场噩梦，因为各国不愿自动消除障碍——这些障碍可能会削弱其在整个金融体系中的地位。

在辨别句子主干时，我们会发现一级主干是"Observers say reforms that …"，即一个含有宾语从句的主从结构。主干确认后，下一级宾语从句的部分，即"say"后面部分的主干是"reforms... have turned out to be a nightmare because…"。这是一个含有原因状语的主从结构，意为"改革……已变为一个噩梦，这是由于……"然后，宾语从句的主语"reforms"后是由"that"引导的定语从句，即"at first sight appear to be relatively simple"充当"reforms"的定语。从字面意思来看，不难理解作者要表达的是"本来看起来相对简单的改革"，"because"引导的分句充当整个宾语从句的原因状语，解释改革由"相对简单"到"一场噩梦"的原因是"individual countries are so reluctant to remove any barriers"，但这个原因状语从句本身隐藏了"that"引导的定语从句"that might reduce their importance in the overall financial system"。这个层级的定语从句解释了各个国家对于消除障碍犹豫不决的原因。

第三节　商务英语的语篇特征

商务英语语篇所具有的语言表述方式都是非常固定的。商务英语语篇结构的逻辑性是非常强的，并且其语义也是非常连贯的。语义的逻辑性是指句子的结构合理，各个段落的安排也非常得当，使得语篇的思维展示出了一定的秩序性。语义的连贯性指的是句子和句子之间的语义上的连贯性、段落和段落之间内容上的连贯性、上下文之间思路的连贯性等。通常来说，会遵循先进行综合性的概括，再进行分析的这样一种语篇思维模式，所以，商务英语的语篇都有其共同的特性，也就是对词语和句子特征的一种综合性的表现，主要体现在以下这样几个方面：内容上比较完整、具有较强的专业性、语言上比较简单明了且比较严格和周密、使用的词语也是非常准确和具体的、各个层次非常清楚和明晰、表达上非常委婉并且有礼貌等。下面我们从如下几个方面展开论述：

一、商务英语文章标题的特点

所谓标题指的是整篇文章的题目，其主要是把文章所展现出来的主要内容非常简单明了地告诉读者。所以，商务英语文章标题的特色是非常鲜明的，就像是某一个产品的商标或者是品牌。我们可以先对商务报刊的文章的组成结构和特色进行一定的了解，这样可以对文章的内容进行解读，对文章的主旨大意有所把握，既能节省时间，还能节省力气。商务报刊的文章题目具有哪些特点呢？我们进行详细分析：

1. 表达的意思非常确切，既生动又形象，简单而又醒目

大部分商务英语的文章题目都是比较吸引人的，与此同时，可以非常精确地把文章的内容表达出来。当然，题目也要尽可能地对人有一定的吸引力，既要生动，又要非常形象，引起人们对这篇文章的兴趣。

原文：Long Live the Revolution.

译文：革命万岁。

原文：The Mutual Fund Mess.

译文：一团糟的共同基金。

原文：Global Warming Has Jack on the Hot Seat.

译文：全球变暖使杰克成为热锅上的蚂蚁。

2. 一般都是采用浓缩的形式

商务英语的文章标题通常都是采用各种各样的词语的缩略展现形式，这样的形式都是既简单明了又非常生动的。

原文：A New World to Conquer.

译文：即将征服的新世界。（不定式表示将来）

原文：Economy Terrorized.

译文：受到惊吓的美国经济。（过去分词）

原文：Victory at a Price.

译文：付出代价的胜利。（介词短语）

3. 一般都是由一个一个的单句组成

通常来说，商务英语的标题如果是单句的话，主要的表现形式有陈述性的标题、疑问性质的标题、引述性质的标题等。为了让语言变得简单或者是为了把重点内容强调出来，一般可以使用一些标点符号，但是，通常来说都不会使用句号。

原文：China Appoints Its First Governor in World Bank.

译文：中国委任首位驻世界银行代表。（陈述性标题）

原文：Is Globalization Slowing Down?

译文：全球化趋势在放缓吗？（疑问性标题）

原文：Food Shortage is a "Minefield", European Union Warns Africa.

译文：欧盟提醒非洲国家，粮食匮乏是个"雷区"。（引述性标题）

二、商务英语的文章中经常采用模糊语

一系列语言交际的实践向我们表明，人类开展交际的过程实际上就是比较复杂的对语言进行使用的过程，因为交际的对象是不一样的，当然，交际的目的也是不一样的，故而，在不能进行精准意义的交流环境中，假如只是对定性或者是定量的表达方式进行追求，一般都不能获取交际的真正目的。在实际进行商务英语的交际中，参与交际的双方通常都会根据自身的需要而使用一些模糊性的语言。

原文：We welcome foreign friends to invest in China and we would always try to create a more favorable environment for you.

译文：我们欢迎外国友人来华投资，并将努力为您打造一个更为有利的投资环境。

中国代表方使用了模糊词——"create"，当我们说到某一种创造行为的时候，如果不知道到底是什么行为，那么，说话的人就需要保留一定的说话余地，让对方可以自行思考。除此之外，情态动词 would 是对某一种可能性进行估测，这也是一种模糊性的语言，在商务英语中的作用是非常显著的。又如：

原文：You don't seem to state the description of the goods, the quantity and the unit price in each contract.

译文：看来你们在每份合同中似乎并未涉及货物的性能描述、数量以及单位的价格。

"seem"汉译成"看起来好像、似乎"，是一个意义模糊的动词，它表示要陈述一个事实，但又不能完全确定这一事实。再如：

原文：We are in agreement on all points. So all that's left is to draw up a contract and get signatures.

译文：我们已就全部问题达成一致，剩下的任务就是拟订合同并签署合同了。

原文：I suggest for consideration the following terms and conditions as the basis for a formal agreement.

译文：我建议考虑将下列的条款作为正式协议的基础条件。

在上面的例子中，"in agreement on"和"suggest"就具有一定的模糊性。

其表面上的意思是比较清楚的，但是，最终的目的是使用一种非常婉转的方式把自己方的要求表达出来。这样比较委婉的表述方式既把对方的面子保留下来，也对对方的感情有所顾忌，从而维护了两方的贸易上的关系。所以，在商务英语中，如果模糊性的语言使用得比较恰当的话，对贸易双方的关系有积极的推动作用。

在使用商务英语进行沟通的过程中，使用模糊性的语言可以和交流双方的友好的合作关系相符合。在沟通的时候，有的话可能是正确的，但是，对方可能并不那么容易接受。这个时候，毫不避讳地把话说出来并不是一件好事，但是，采用比较委婉的具有一定模糊性的表述往往会获得比较好的表达效果。所以，我们认为，使用比较委婉的模糊性的语言是有效沟通的一个非常好的方式。模糊性的语言的内涵非常小，外延非常宽泛，因而具有非常强的包容性。这样的语言给倾听的人留下了想象的空间，还能对内容进行有效的补充，展现出一定的礼貌，促进沟通的有效进行。

三、商务英语的词语在语体上具有一定的规范性和正式性

语言可以被划分为五种不同的等级，并且被称为五种语体——冷漠体、正式体、商量体、随便体、亲密体。商务英语是一种在国际上的商务活动中经常使用的语言，交际的双方既要平等互惠，又要开展良好的合作。所以，其所使用的词语既要具有一定的通用性，广泛被大众所接纳，又不能太过于口语化，也就是在正式体和商量体之间。

不同的场合，商务英语的语言风格是不一样的。例如，在商业信函中，用"We endeavor to choose our trading partners with discretion."来代替"We try to choose our trading partners carefully."在商业合同中，用"expiry"来代替"end"，用"certify"表达"prove"的含义，以及 whereas（鉴于）、in witness whereof（兹证明）这类词语的应用、使语言带有法律的特征。这样的语言具有一定的规范性，使得法律文件更加具有约束性。

过于简单化、口语化的某些介词和副词，如 because、about、if、like、for 等，在商务英语中会被比较正式规范的介词短语所代替，如 on the grounds that、with reference to、in the event/case of、in the nature of、for the purpose of 等。口语中常常使用的动词短语，如 go on、add to 被较为正式的单个动词如 continue、supplement 所代替。由 here/there/where+介词构成的古英语常为英文合同的公文惯用语，如 hereafter 自此，今后；hereby 特此，兹；herein 此中，于此；hereinafter 在下文中；hereof 在本文中，关于这点；hereto 在此（协定或文字材料上），于此；here to before 迄今为止，在此之前；hereupon 随后，随

即; thereafter 其后，以后; thereby 由此，因而; therein 在其中; therein after 在下文中，以下; thereof 其中，它的; thereon/upon 在其上，就此; thereto 加于（协议）之上，随附; there under 在其下; whereas 鉴于; whereby 凭借; wherein 在那儿; whereof 兹特; whereupon 因此，于是。

原文：WHEREAS, A desires to export to B the goods as specified in Exhibit A thereof (hereinafter called the "Goods"); and whereas, B desires to import the Goods from A. Now, THEREFORE, A and B hereby agree as follows: ...

译文：鉴于甲方希望向乙方出口本合同附件 A 中规定的货物（以下简称为"货物"）；并且鉴于乙方希望从甲方进口上述货物，因此，甲、乙双方特此同意订立如下条款：……

原文：IN WTTNESS WHREROF, the parties hereto have caused this agreement to be executed by their respective representatives on the date first above written.

译文：兹证明，本协议由双方各自代表在上述订约日期签署。

对以上的例子进行分析，我们就会发现，商务英语的翻译人员应该非常准确地对各个不同场合的源语言的语体上的特征进行把握，从而在翻译的语言中找到相互对应的语体。

四、商务英语语篇的结构特点

（一）解析型语篇结构模式的特点

所谓解析型语篇结构模式指的是，对一个整体性的问题进行分解，划分为好几个小的部分，然后再对各个组成部分仔细检查。一般来说，主要有如下几种商务语篇使用解析型语篇结构，如购销合同、求职信中个人简历等。通常来说，购销合同包括多项条款、附加条款。而个人简历主要包括岗位、个人的基本信息等。例如：

CONTRACT

No. A. S. 102-99

Buyers: Anderson Trading Company, Denmark Sellers: Beijing Native Produce Imp. & Exp. Co.

This contract is made by and between the Buyers and the Sellers, whereby the Buyers agree to buy and the Sellers agree to sell the under-mentioned goods according to the terms and conditions stipulated below:

Commodity: Wuyi Peanuts

Specifications: Faq 1998 Crop

Quantity: 100 m/

Unit price: US $ 500 00 per m/t, CIF Aarhus Denmark

Total value: US $ 50 000 00 (Say US dollars fifty thousand only)

Packing: In 3-ply gunny sacks of 50 kg each

Shipping marks: ...

Insurance: to be affected by the seller for 100% of invoice value plus 10% against All Risks.

Terms of shipment: During July, 1999 with transshipment at Copenhagen Port of shipment: Tanggu, China

Port of destination: Aarhus, Denmark

Terms of payment: By irrevocable L/C payable by draft at sight, The L/C should reach the seller 30 days before the time of shipment and to remain valid for negotiation in China until the 15th day after the day of shipment.

Done and signed in Beijing on this twentieth day of April, 1999.

The Buyers   The Sellers

(Signature)   (Signature)

(Title)   (Title)

(二) 问题——解决型语篇结构模式的特点

所谓问题——解决型语篇结构模式，指的是作者先提出来一个问题，当然，这个问题和某一种情形是有关系的，然后对这个问题和所产生的结果进行一定的评价，最终找到解决这一问题的方案。广告、信函和产品的说明中经常会用到这一语篇结构模式。我们使用一个例子来进行详细的解读：

DAMP WALLS, FLANKING PAINT
PEELING WALLPAPER, MUSTY SMELLS
Could
Rising Damp
Mean

Rising damp, if not treated effectively could in time cause extensive damage to the structure of your home, ruin decoration and furniture. Camp also causes repugnant mould and mildewy smells and could be a hazard to health.

DoultonWallgard guarantee to

Cure rising damp

Doulton, the international specialists in ceramic technology have developed a unique ceramic tube that when installed in walls draws moisture out and ensures it stays out for good. This tried and tested process requires no structural work and is usually installed in just one day.

Guaranteed for 30 year.

以上所举的这个例子在标题上就把问题和比较严重的问题都展现出来，然后在第一段把这些问题进行了扩展，后面讲述的都是针对问题所提出来的解决方法，还有采用这些方法所产生的后果。使用问题——解决型语篇结构，可以对一些产品的特征或者是功能进行一定的说明，从而吸引存在相似问题的消费者积极购买这样的产品。

（三）等级型语篇结构模式的特点

所谓等级型语篇结构模式指的是，把语篇的各个组成部分根据其重要程度进行一定的排列，或者是递增，或者是递减。通常，使用这一结构比较多的有预算报告、调研报告等。

Report on Cost-saving: Administration Department

Introduction

The purpose of this report is to look for ways to cut costs in the Administration Department and explain the influence of these cuts for the day-to-day running of the departments. It is based on the findings of a comprehensive form filled by the whole staff.

Findings

It is supposed that within the department there are a few areas where cost-saving measures could be carried out without disturbing normal work. The most likely areas under consideration are as following:

Consumption of paper

Supply of refreshments

Recommendation

In order to deal with the issue of paper, it is suggested that the department introduce a system to collect all used printing and photocopying paper. It is estimated that by adopting new recycling procedures, the department could save up to £ 300 monthly. As for refreshment, it is recommended that tea and coffee free of charge should only be available to employees during afternoon breaks when working efficiency of the staff begin to decrease. Be sides of this certain period, he who orders refreshments should pay for them. This measure should slash the department's monthly expenses on refreshments from £ 620 to £ 60, thereby a saving of £ 560 is achieved.

Conclusion

It is concluded that the above measures will bring immediate and substantial savings for the Administration Department. Although these recommendations are not expected to affect the running of the department in any significant ways, managers should be prepared to encounter initial complaints from staff.

我们可以很容易看出来，在这个报告中，报告人是根据节省开支的重要程度来安排的，并且单独构建了一个文段。

（四）比较——对比型语篇结构模式的特点

在这样一种模式中，所谓比较指的是，把两者之间的相似之处找出来，所谓对比指的是把两者之间的不同之处找出来。很多时候我们都会用到这一模式，只有这种模式才能更清晰地把各个商品或者公司之间的相同和不同之处展现出来。例如，我们对集中经营和分散经营的优点和缺点进行比较的报告采用的就是比较——对比型语篇结构模式。

Report: Comparison of Samsung and Panasonic Shares

At the start of the period, Samsung's share price was virtually one and half times that of Panasonic. By the end of July, however, Panasonic outperformed Samsung with a share value of almost $100, $10 higher than the latter.

Samsung saw its share prices change frequently all the time. They reached a peak at $105 in mid-March, fell to under $85 in mid-April, and then rebounded to $100 a-gain at the beginning of May. The share price then changed constantly with a downward trend and never recovered its highest level until the end of July.

Panasonic share, on the other hand, made an overall upward curve. The price started from under $60 per share in March to over $80 by April. Following an apparent fallback from the beginning of June, the share price picked up and climbed strongly, reaching a peak of $100 by the end of July.

第四节　商务英语的修辞特征

很多人可能会认为，如果一个文体和文学或者是艺术并没有什么联系的话，那么，这样的文体是不应该存在修辞的，更别说是审美。实际上，这样的认识是不对的。在使用语言进行表达的时候，通常来说都会有审美相伴随，即便是我们在书写一份公告或者是翻译一份通知的时候，作者都需要具备使用比较简单的语言来表达最真实意思的表达手法，还要比较得体，这就是我们所说的最简单的艺术性。只要原文含有一定的意思，并且可以进行一定的交际，那么，一般都会需要对文字进行斟酌，这就存在审美的问题。实际上，对文字进行斟酌的审美问题就是修辞的问题，也就是促进语言的表述效果不断提升的方法。

虽然，商务英语的语言特征是非常简洁和朴实的，但是，修辞是普遍存在的，只要我们一开口或者是一动笔就需要对修辞问题进行考虑，商务英语也存在修辞上的问题。在商务英语中，修辞是一个非常重要的组成部分。例如，我们常说"物美价廉"，可能有人会用"cheap and good"来进行表达，但殊不知这种表达中的"cheap"一词蕴含有"便宜无好货"的消极修辞含义。通过比较发现，选择"economical and good"这种表述可以恰当准确地表达出"物美价廉"的含义来。再比如，在商务英语中，时常还可以看到 blue-collar（蓝领，体力劳动者）；white-collar（白领，脑力劳动者）；pink-collar（粉领，职业女性）；bright-collar（亮领，成功职业人士）；gold-collar（金领，高层专业人士）；steel-collar（钢领，钢铁工人）；in the red（财政赤字，亏损）；bubble economy（泡沫经济）等，这些表述其实都包含修辞的手法。

除了这些以外，在商务英语中，还存在一些词语是借助于一定的修辞手法从最普通的英语语言中发展而来的，但是，其含义已经受商务英语的影响而变得非常具有专业性。我们可以借助于下面几个例子进行分析：

原文：The accountant was found to have cooked the book.

译文：有人发现会计伪造了账本。

原文：We shall write and ask for their ceiling for the advertising project and then we can budget accordingly.

译文：我们将写信询问他们广告项目的最高限额，然后可以相应地进行预算。

原文：The syndicate tried to come the market in silver.

译文：辛迪加试图垄断白银的市场。

和普通英语相比较，商务英语所涵盖的报纸和广告等所传递出来的语言上的信息并不是随意进行选择的，而是具有一定的目的性，所以，其中一定带有修辞。我们据此对下面的例子进行分析：

原文：He was seconded to the Sales Department for two years.

译文：他被临时借调到销售部工作两年。

在这个例子当中，"second"这个单词既不是指的"第二"，也不是"秒"的意思，而是进行了一定的引申，变成了"借调"的意思。像这样把名词转换成动词给人一种非常新鲜的感觉。

原文：In the end, it cost the company thousands——and it cost me my job.

译文：这最终使公司损失了数千元，最后也让我丢了饭碗。

在这个例子中，"cost"是一个点睛之笔，就是因为使用了这个单词，整个句子的结构变得非常整齐，而且句子的表述也简单了很多。在这里，"cost"和"job"这两个单词进行了非常有效的搭配，给人一种欣喜的感觉。

原文：Investors lost thousands of pounds in the wreck of the investment company.

译文：投资方由于该投资公司的破产而损失了数千英镑。

在上述例子中，"wreck"并不是指"船只或飞机的失事"，而是被引申为"公司破产"。

原文：You are going to be stepped up to manager.

译文：你将会被提升为经理。

在这个句子中，"stepped up"本来是名词，在这里变换成了动词。这样的手法是非常生动的，也非常形象，既新颖又具有一定的独特性。但是，假如我们使用非常普通的词语"promote"的话，效果就没有那么好。

在不同的文体中，商务英语的修辞和修辞的特点是不一样的，我们据此进行详细论述：

一、商务英语中商务信函的修辞

一般来说，商务英语的语言都是非常简洁的，使用的措辞也比较直接，词语非常朴素。特别是商务信函类和一些电子邮件更是需要非常简洁的表述。还有一些人是这样认为的，即在商务英语的信函中，比较具有实用性口语性质的语言可以让氛围变得非常友好与和谐，这一点也是时代所要求的。下面我们举个例子进行分析：

Hi Steve,

It's good to know that business is going well, of course I'll help! I think Sue's idea could be one solution but wait and let's discuss it together in more detail. How about a meeting on Friday at 10 a. m. in my office? See you then.

Barbara

在上面这个商务信函的例子中，我们可以看出，写这封信的人所使用的词语或者是句子都是比较口语化的，如 Hi、See you then、of course I'll help 等。非常明显的是，在商务信函中，修辞所选用的词语并不是随意的，而是根据一定的语言环境来确定，需要具体情况具体分析。例如，商务英语信函最后的表示客套的话语必须和称呼相对应，也就是说，写信函的人需要根据最后的不一样的称呼来选择和其相对应的客套话。

二、商务英语中报刊文章的修辞

总的来说，英语报刊中和商务有关的文章所使用的语言都是比较严谨的，也都是很朴素的，但是，很多时候，这样的文章都会对典故进行引用，使用各种各样的修辞手法，以此来使文章变得非常有趣味性。在这里，我们对三个例子进行分析：

原文：Since she came into power, this industrial giant has been running in black.

译文：从她上台以后，这位工业巨匠持续盈利。

在英语中，be in the black 和 be in the red 都是从记录账目的时候所使用的墨水颜色发展而来。黑色的文字表示非常充足，红色的文字表示存在一定的亏损。

原文：The carnage in stock funds——the biggest money spinners for management companies——is far bloodier.

译文：股票基金市场的内部竞争更加惨烈，它曾是管理企业中最盈利的买卖。

在这个句子中，spin 本来的意思是纺纱，但是，money-spinners 在这里的意思是赚钱最多的企业或者生意。我们可以非常清楚地看出来，大多数的商务英语文章都具有非常浓厚的西方文化色彩，所以，要想对文章有比较深入的了解，人们就需要了解西方的文化和西方的表达习惯。

原文：An invitation by Jack Welch to pitch in front of GE's most accomplished executives is like winning an Olympic medal in GE's intense locker-room culture.

译文：员工能够有幸被杰克·韦尔奇邀请到通用电器最卓越的管理层面前

致辞，这无异于在奥运会赛场上喜获奖牌，这便是通用电器浓郁的"更衣室文化"，即团结协作、积极进取的运动员精神。

在这个例子中，比喻的修辞手法非常巧妙地表现出来，展现了作者对 Jack Welch 的赞美。在这个句子中，人们需要准确把握如下两点：一个是"pitch"，一个是"locker-room culture"。"pitch"本来的意思是投掷，在这个例子中的意思是"致辞"；"locker-room culture"可以被翻译成"更衣室文化"，就是在真正比赛之前或者是比赛之后，运动员们在更衣室里分享成功的开心，或者是对失败的经验进行总结，即相互支持和鼓励的团结精神。

三、商务英语中商业广告的修辞

"Advertisement"这个单词是从法语中发展而来的，意思是"通知""报告"和"广告"。然而，拉丁语中的"advertere"是"advertisement"的最早来源，其意思就是让广大人民对某一件事情产生兴趣，并且在这个方向上采用一定的手段。如果说一个商业广告比较成功的话，那么，其必须提供一定的信息，还能把情感表达出来，展现出一定的美感。下面我们可以举例进行分析：

My mother wanted me to have piano lessons.

My father wanted me to go to Harvard.

My teacher wanted me to become a lawyer.

My wife wants me to stay at home.

Aren't your desires just as important?

Cars that are created to impress only yourself.

这个商业广告例子中的文字非常简单也非常优美，语气也非常亲切，关心也是非常真挚的，目标既明确又非常单纯，这些和广大读者朋友的心理特征是相符合的，从而激发人们购买这样一种物品的欲望。除此之外，一个商业广告要想取得成功，还需要具有一定的认知和理解，具有说服力和可执行力。在书写的时候，整篇文章必须文字非常简短，语句也非常简洁，理解起来非常方便，也比较容易记在大脑里，否则就不能给消费者留下非常深刻的印象，也就不能很好地进行引导和推销。

商业广告是一种非常具有实用性的文体，其修辞的特征和文学文体的特征相似，广告有其自身的作用，要触动人们的心弦，对大众有所感染，激发人们想要去购买的欲望，促进消费者购买。商业广告也有其自身的特殊性，那就是对信息进行一定的传递，所以，广告是一种介于文学和新闻之间的文体形式，其语言必须非常生动和形象，富有一定的感染力。例如：

It's a life time.（钟表广告）

Coke adds life.（可口可乐广告）

Tread wisely on the road this winter.（法国 Michelin 公司轮胎广告）

Buy one pair, Get one free.

If it's delicious and light, it's Delight.

Low fat Spread.

Some of the nicest things in life are good for you as well.

对以上这些例子进行分析我们发现，商业广告一般都是使用简单句、祈使句和省略句等。这些例子的表述非常简短，和广告用语的需要非常相符，这样企业也能降低自身的成本。广告用语还采用了很多带有肯定意义的词语，这些词语非常生动，也非常形象，具有一定的感染力。还有一些广告可能会使用一些新鲜的词汇来吸引人们的注意。

商务广告的语言既具有一定的商务性，也具有一定的艺术性。广告类的语言通常会使用一些文学手法或者是艺术性的手法来达成其所具有的审美价值。例如：

Light as breeze, soft as a cloud. 服装广告（比喻）

Flowers by Interflora speak from heart. 花店广告（拟人）

It provides you with beauty. It provides you with joy. It provides you with love. It provides you with fun. 杂志广告（排比、重复）

With a single copy of the Globe in hand, you can enjoy a wide view of the world. Globe. 杂志广告（夸张）

What's a foot in the world of fashion? Mansfield. 鞋广告（双关）

The driver is safer when the road is dry. The road is safer when the driver is dry. 公益广告（排比、对偶）

第四章 商务英语的教学模式

随着经济全球化的发展,商务英语人才作为时代发展潮流中炙手可热的复合型人才受到社会的普遍重视。企业和社会对商务英语人才培养提出了更高的标准及要求。本章重点探讨商务英语的教学模式。

第一节 商务英语教学模式概述

一、商务英语教学模式的培养目标

在我国很多高校中,商务英语都是十分重要的专业,其教学模式培养目标通常包括多个方面的内容,即对于高校的商务英语专业而言,其教学就是为了给社会培养更多具有比较强综合实力以及应用能力的复合型商务英语人才,这样培养的毕业生才能够满足社会对人才的需求。具体而言,高校商务英语教学模式培养目标就是培养具有以下几方面能力的综合型人才:第一,学生可以扎实地掌握各种英语学科的基础知识;第二,学生可以牢固地掌握各种专业的商务英语知识以及各项技能;第三,学生能够在课余的时间学习和了解经济学以及法律等相关专业的理论知识等;第四,学生要培养和具备一定的跨文化交际能力,从而能够自如地应对各种跨文化交际的环境。由此可见,商务英语专业具有很强的专业性,对学生的各方面素质和能力等提出了较高的要求。总而言之,对于高校的学生而言,高校的商务英语教学不仅使学生具备较强的商务英语口语、听力、阅读、写作以及翻译能力,它还会提升学生的商务英语语言应用能力,使学生敢于在实践中运用这门语言。

二、商务英语教学模式的课程设置、教学内容和教材建设

(一) 课程设置

在高校的商务英语教学中，高校需要设置合理的商务英语课程体系，从而全方位提升大学生的商务英语专业知识以及技能。通常高校的商务英语课程包括如下四个不同的模块，其可以有针对性地提升学生不同方面的能力。第一个模块是英语的语言知识以及语言技能模块；第二个模块是商务知识模块；第三个模块是跨文化交际能力模块；第四个模块是人文素养模块。事实上，商务英语的这四个教学模块都十分重要，每个模块又具体包含不同的教学内容，从而提升学生某个方面的能力等。总之，在高校的日常教学中，商务英语教学是重要的教学部分，因而学校应该合理地安排商务英语专业的课程时间，从而保证学生可以有足够的学时来学习商务英语的专业知识。一般情况下，在高校中，学生在大学四年期间应该完成至少 1800 个学时的商务英语课程学习，这样才能够保证学生可以扎实地掌握商务英语的知识和技能。在具体的教学实践中，各个地区的高校可以根据自身的教学需求、特点等来安排商务英语专业的课程设置，适当地安排必修课以及选修课之间的比例，不断调整和优化商务英语的课程设置。

(二) 教学内容

在商务英语专业课教学中，通常学校都是按照如下比例进行课程的设置，即商务英语的课程大致分为如下四大类：第一类是语言能力类的课程，第二类是有关商务知识的课程，第三类是有关跨文化交际能力培养的课程，第四类是有关人文素养的课程。这四类课程的课时安排就是按照第一类到第四类逐渐减少。此外，需要强调的是，在商务英语中，学生的毕业论文以及实习等教学程序都不计算到教学的课时里面。

众所周知，商务英语教学的培养目标是培养具有较强综合实力的商务英语人才，因而商务英语的教学内容以及教材等都要为这样的培养目标服务，即商务英语的教学内容以及教材等都要能够凸显和培养大学生的学习积极性、参与性以及互动性，课堂教学要努力为学生创设体验式的教学情境等，从而激发学生的学习兴趣。

(三) 教材建设

商务英语由于其专业性和实用性比较强，因而其使用的教材也具有较强的

专业性，这也是商务英语和普通英语之间的显著差异。目前，我国的市面上也有不少关于商务英语的教材，但是这些教材往往种类繁多，没有较强的系统性和全面性，因而我们要加强商务英语的教材建设。通常情况下，商务英语的教材分为两大类：第一类是基础英语的教材，第二类是商科教材。

事实上，我国不少专业的出版社也在陆续出版一些有关的教材，例如，我国陆续地出版了一系列的体验商务英语教材等，获得了较多人的认可。事实上，我国不少学校都已经在摸索和实践中探索了具有特色的商务英语课程设置系统，不同的学校有不同的商务英语课程设置规划，制订符合自己学校需求的课程体系，从而服务学生的商务英语学习活动。总而言之，学校在商务英语的教学实践中一定要选择合适的教材，从而提升学生的综合实力，使学生不仅掌握扎实的商务英语知识，还有较强的商务英语运用能力，真正做到学以致用。

对于高校本科生的培养而言，学校一般会采用如下课程设置比例，即通常学校都会安排一大半的商务英语课时来学习英语语言类的课程，然后安排一小半的商务英语课时用来学习商科有关的课程，如经济学等。具体到高校的四年本科学习中，其安排如下：本科的第一年，高校的学生主要学习大学普通英语有关的课程，使学生都能够牢固地掌握英语基础知识等，为商务英语学习奠定坚实的基础；第二年，学生还是主要学习普通英语的相关课程，然后辅助学习一些包含商务知识的课程；第三年，学生学习的主要课程就是有关商务英语的课程；第四年主要分两个阶段：在第一个学期，学生通常都会学习如下两门课程，即高级英语写作以及英语口译课程，还有部分的商务英语选修课。在第二个学期，学生主要是参加商务英语的实习，同时撰写自己的毕业论文等。

总而言之，商务英语具有较强的专业性、实用性以及独特性，这种独特性尤其体现在商务英语与普通英语的对比中。众所周知，普通英语就是培养大学生掌握基本的英语知识和技能，并要求学生能够在日常的生活和工作中使用这门语言，而商务英语则是培养大学生掌握商务领域的英语知识和技能，并将其应用到专门的商务领域中，它具有较强的针对性和实践性，是一种专门用途的英语。因而商务英语的教学模式具有更强的针对性以及实用性，高校的商务英语教学能够为社会发展培养更多的专业人才。

第二节 商务英语翻转课堂教学模式

一、翻转课堂概述

(一) 翻转课堂的内涵

"翻转课堂"(Flipped Classroom)也称作颠倒课堂,它是相对于常规课堂教学而言的。传统的教学模式是教师在课堂上讲课、布置家庭作业,让学生回家练习。与传统的课堂教学模式不同,在翻转课堂的教学模式下,学生在家完成知识的学习,课堂成为教师和学生之间以及学生与学生之间互动的场所,包括答疑解惑、知识的运用等,课堂因此变为学生消化知识的场所,从而达到更好的教学效果。传统教学过程通常包括知识传授和知识内化两个阶段。知识传授是通过教师在课堂中的讲授来完成,知识内化则需要学生在课后通过作业、操作或者实践来完成。在翻转课堂上,这种形式被颠覆,知识传授通过信息技术的辅助在课前完成,知识内化则在课堂中经过教师的帮助与学生的协助而完成,从而形成了翻转课堂。随着教学过程的颠倒,课堂学习过程中的各个环节也随之发生了变化。

翻转课堂的基本流程如下:教师制作教学视频及相关练习并上传网络、学生课前自主学习教学视频及相关练习、课堂教学活动的实施(师生、生生之间交流难点、疑点,在课堂上共同完成作业并练习知识)、教学效果评价、反馈。

(二) 翻转课堂的起源

最早实验翻转课堂的是美国科罗拉多州林地公园高中的两位化学教师,他们将翻转课堂的影响扩大到全美甚至全球的可汗学院。事实上,翻转课堂的实践与研究可以追溯至19世纪早期的西点军校。因为翻转课堂的理念最早出现在西点军校。西尔韦纳斯·塞耶将军(General sylvanus Thayer)有一套他自己的教学方法,即在课前,学生通过教师发放的资料对教学内容提前进行学习,课堂时间则用来进行批判性思考和开展小组间协作解决问题。这种教学形式已经具备翻转课堂的基本理念,也是翻转课堂思想的起源。哈佛大学物理学教授埃里克·马祖尔(Eric Mazur)在1991年创立了PI(Peer Instruction)教学法，该教学法分为两个步骤：首先是知识的传递，然后是知识的内化。这一观点成为翻转课堂的重要理论基础，翻转课堂的独特之处正是知识传递与知识内化的颠倒。

2000年，美国莫琳·拉赫（MaureenLage）、格伦·普拉特（Glenn Platt）等几位教授在迈阿密大学讲授"经济学入门"课程时采用了一种新的教学形式：他们让学生在家或者在实验室观看讲解视频，在课堂上以小组形式完成家庭作业。这种教学模式已经具备了翻转课堂的基本形式，但是他们没有提出"Flipped classroom"或"Inverted classroom"的相关名词或概念。

韦斯利·贝克（J·Wesley Baker）在第11届大学教学国际会议上发表了论文《课堂翻转：使用网络课程管理工具（让教师）成为身边的指导》。其中教师"成为身边的指导"替代以前的"讲台上的圣人"成为大学课堂翻转运动口号，并被多次引用。贝克提出的翻转课堂的模型：教师使用网络工具和课程管理系统以在线形式呈现教学作为分配给学生的家庭作业。在课堂上，教师有时间更多地深入参与学生的主动学习活动和协作中。

尽管早期的翻转课堂实践和研究出现在美国的部分高等院校，但我国教育工作者大多数认同美国科罗拉多州落基山的一所山区学校——林地公园高中才是翻转课堂的发源地。事实上，这里的翻转课堂的发生并没有多么"高大上"的动机，他们的出发点是教师为了给学生补课而录制教学视频。学校的化学教师乔纳森·伯尔曼（Jon Bergmann）和亚伦·萨姆斯（AaronSams）在教学工作中发现一个非常普遍且严重的问题，即有些学生由于各种原因跟不上教师讲课的节奏，很多学生来不及做笔记，有时学生能将所有的要点都记录到笔记本上，却完全不明白这些内容的意思。为了尽可能解决这些问题，2007年春天，乔纳森·伯尔曼和亚伦·萨姆斯开始使用屏幕捕捉软件录制演示文稿的播放和讲解。他们把结合实时讲解和演示文稿的视频上传到网络，以此帮助课堂缺席的学生补课。不久，这些在线教学视频被更多的学生接受并广泛传播开来。两位教师顺势而为，逐渐以学生在家看视频听讲解为基础，节省出课堂时间为在完成作业或做实验过程中有困难的学生提供帮助。"翻转课堂已经改变了我们的教学实践，我们再也不会在学生面前花费30~60分钟来讲解。我们可能永远不会回到传统的教学方式了。"这对搭档对此深有感触。两位教师的实践引起越来越多人的关注，以至于他们经常受到邀请向同行介绍这种教学模式。他们的讲座已经遍布北美，逐渐有更多的教师开始利用在线视频在课外教授学生，课堂时间则进行协作学习和概念掌握的练习。他们因此而获得"数学和科学卓越教学总统奖"，而林地公园高中则被认为是翻转课堂的起源地。

(三) 翻转课堂的主要特征

1. 教师角色发生转变

首先,教师由传统课堂上知识的传授者变成了学习的促进者和指导者。教师不再是课堂的主宰,课堂也不再是教师的一言堂,学生的主体地位在翻转课堂中得到了充分体现,而教师的主导地位并没有被削弱,反而被加强。教师要熟练地掌握一些学习活动的组织策略,如基于问题的学习、基于项目的学习、小组学习、游戏化学习、角色扮演等。其次,教师由教学内容的传递者转变为视频资源的设计开发者以及相关教育资源的提供者。在课前教师需要向学生提供必要的资源,如相关知识讲解的教学视频、教学课件、其他网络资源等,以便于学生对所学知识有较充分的了解。当学生需要帮助时,教师便会向他们提供必要的支持。因此,教师成了学生便捷地获取资源、利用资源、处理信息、应用知识到真实情景中的"脚手架"。

2. 学生角色发生转变

在翻转课堂教学模式下的个性化学习中,学生成为自定步调的学习者,他们可以自主对学习时间、学习地点进行选择,也可以控制学习的内容等。学生是整个学习过程的主角,不再是传统课堂上被动的知识接受者。学生在课堂上通过小组学习和协作学习等形式完成对所学知识的理解和吸收。学生由之前完全的知识消费者转变为知识生产者,掌握比较快的学生可以帮助没有掌握的学生进行学习,承担教师"教"的角色。

3. 课堂时间被重新分配

在课堂中减少教师的讲授时间,留给学生更多的学习活动时间是翻转课堂的又一核心特点。这些学习活动应该基于现实生活中的真实情境,并且能够让学生在交互协作中完成学习的任务。翻转课堂将原来课堂讲授的内容转移到课下,在不减少基本知识展示量的基础上,增强课堂中学生的交互性。最终,该转变将提高学生对于知识的理解程度。此外,当教师进行基于绩效的评价时,课堂中的交互性就会变得更加有效。

学习是人类最有价值的活动之一,时间是所有学习活动最基本的要素。充足的时间与高效率的学习是提高学习成绩的关键因素。翻转课堂通过将"预习时间"最大化来完成对教与学时间的延长,其关键之处在于教师需要认真考虑如何利用课堂上的时间来完成"课堂时间"的高效化。

4. "翻转"增加了学习中的互动

翻转课堂大大地提升了在课堂上教师与学生以及学生与学生之间的互动。学生通过教学视频对即将要学习的课程进行了一定程度的深度学习,在课堂上主要是学生提问、教师解答和学生之间进行讨论交流等，这充分提升了学生在课堂上的主人翁意识，使其能够积极地参与到学习过程中。当教师进行评价时，课堂中的交互性就会变得更加有效。根据教师的评价反馈，学生将更加客观地了解自己的学习情况，更好地控制自己的学习。

二、翻转课堂在商务英语教学中的作用

（一）重新定位师生的角色

在传统商务英语教学模式下，教师被视为课堂的中心，学生被动地接受知识。在翻转课堂模式下，教师则是引导者的角色，负责督促、引导和评价学生，这就使得商务英语教学由以往的指令性教学转变为建设性教学。教师运用新媒体工具制作视频和音频，引导学生通过教学视频自主学习商务英语的重难点知识，且促使学生在自主学习过程中自觉发现商务英语学习的规律，探寻新旧知识之间的内在联系，构建商务英语知识体系。在翻转课堂中，教师负责解答学生的各种疑惑，并利用讨论、提问等形式启发学生思考和理解有关的商务英语知识，在此过程中教师及时接收学生的反馈意见，进而调整商务英语的教学计划，提升商务英语的教学效率。

（二）重新设计教学环节

在传统教学模式下，学生需要利用课余时间在没有教师指导的情况下对新知识进行自主预习，然后教师利用课堂时间进行知识点讲解和习题训练。课堂学习结束之后教师布置作业，要求学生根据作业自主巩固课堂所学知识。在这种学习模式下，学生在预习阶段缺乏必要的指导，对许多新知识缺乏系统性理解，导致预习效果不佳。在课堂教学期间，教师一味地讲解，缺乏师生互动，学生的学习积极性未能充分激发。课后练习阶段教师缺乏跟踪监督，导致学生的作业质量参差不齐。在翻转课堂模式下，教师要首先设置任务清单。在开展课堂教学之前，教师将有关商务英语的相关知识点录制成教学视频，要求学生利用课余时间观看教学视频，并完成视频中设置的预习任务，对未能自主解决的问题要及时提交到学习平台。在课堂教学阶段，学生可以根据自己的预习情况提出相关问题和疑惑，教师进行引导和解答，这可以帮助学生明确学习目标，并进一步巩固吸收新知识。此外，学生在观看教学视频时还可以根据自身的实际情况灵活选择学习进度，对自己已经掌握的知识快进跳过，对自己掌握不扎实的知识反复观看。在这种教学模式下，商务英语教学设计更富针对性，有助于实现分层教学。教师在课堂教学中不再是单纯地讲解，而是与学生共同探讨学习，这不仅有助于形成融洽的师生关系，还有助于增强学生的学习兴趣。

（三）革新商务英语的教学手段

在以往的商务英语教学模式中，教师多借助粉笔、书本和黑板进行教学，当前，随着新媒体的普及，一些教师开始在课堂上使用多媒体等，这虽然在一定程度上增加了商务英语学习的趣味性，但由于课堂容量有限，教师只能对相关知识点进行讲解，导致商务英语学习缺乏系统性。而在翻转课堂模式下，教师运用相关的软件和平台将画面、视频、文字融入学习视频中，系统连贯地讲解新知识能够更好地帮助学生构建商务英语知识体系。

三、商务英语翻转课堂教学模式的建构策略

（一）课前准备阶段

在商务英语教学中合理运用翻转课堂教学模式，教师需要课前准备教学任务设计与教学资料。若要顺利完成商务英语教学的目标，教师就必须首先明确教学目的，在此基础上选择和准备材料。在翻转课堂模式下，教师既可以自己录制教学视频，也可以通过开放资源选取教学视频作为教学材料。需要注意的是，教师选取的视频必须长度适中、重点鲜明，这有助于帮助学生明确学习的重难点。此外，为了吸引学生的注意力，教师还应当采取措施增加教学视频的趣味性，若只是关注知识点的讲解和展示，就会使教学视频枯燥无味，这样学生观看的积极性较低。因此，教师可以将章节知识点分解为若干小视频，每个小视频讲解一个知识点。例如，针对组织会务、电话沟通确定会议时间、产品介绍、公司业绩描述等商务英语常见任务，教师可以制作成小视频，并在这些视频中讲解相关的句型、单词、词组等，同时还要为学生设置相关的学习任务，帮助学生巩固视频学习的内容。

此外，学生还要根据教学视频学习情况自主查找相关的学习材料，并针对观看过程中出现的问题通过在线形式与教师沟通交流。教师除了要准备丰富的商务英语教学资源，还要合理设置教学环节，引导学生完成相应的学习任务，帮助他们巩固所学知识。显然，相较于传统的商务英语教学模式，翻转课堂以学生为主体，教师主要以合作者、帮助者的角色参与教学。商务英语作为一门综合性语言课程，关注学生的实践能力，因此，在教学过程中，教师不仅要引导学生掌握基本的语言知识，还要提升学生运用语言完成工作任务的能力。这就需要教师在教学设计中选择多样化的实践教学，并采用多元化的教学评价形式，以小组比赛、情景对话、小组展示等形式提升学生的语言运用能力。

(二) 课堂学习阶段

首先，要提出问题。学生通过课前观看教学视频可以选取一些自己感兴趣或有疑问的问题加以探讨，在此过程中，教师充当教学活动的协助者。教师可以依据学生提出的问题类型进行小组划分。传统商务英语教学模式多采取大班教学形式，教师难以根据每个学生的特点制订相应的教学进度。这就导致学生的相关疑问得不到及时关注和解决，学生的学习积极性也逐渐降低。翻转课堂教学模式鼓励学生根据自身情况提出问题，这可以充分提高学生的探究兴趣，进而实现分层教学。其次，要独立探究。商务英语作为一种实践性学科要求学生能够根据相关的商务情境灵活地运用英语知识，顺利完成英语交际活动。因此，教师必须在教学过程中鼓励学生自主探究，通过独立思考、小组合作等形式探讨相关问题，并将探究结果加以展示，其他小组成员则负责补充和质疑。这样，一方面能够提升学生的参与积极性，另一方面还能够促使学生自主思考相关知识点，并在此基础上构建和完善自身的知识体系。

(三) 课后评价阶段

若要在商务英语教学中合理运用翻转课堂，教师不仅要科学设计课堂教学内容，还要关注课堂学习结果的评价。教师要以班级为单位建立学生学习档案，对每个学生进行阶段性总结评价。评价形式要包括教师评价、生生评价、自我评价等，这能够增强评价的客观性和全面性。教师要及时接受学生在商务英语学习中的反馈信息，在此基础上调整教学计划。同时，教师要对不同层次的学生及时给予指导和肯定，增强他们的学习成就感。此外，教学评价内容既要关注语言技能，还要包括小组合作精神、问题分析能力、学习态度等非智力因素，增强教学评价的科学性。

总而言之，商务英语教学中不仅要引导学生掌握扎实的基础语言知识，还要提升他们的商务语言运用能力。通常学生的商务英语学习基础较差，学生能力参差不齐，教师应当切实关注学生的个性特点，合理运用翻转课堂形式，课前精心录制教学视频，鼓励学生利用课余时间自主学习，并根据学习情况在课堂上与教师和同学进行合作、交流、探究，提升学生的语言运用能力和自主探究能力。此外，教师还应当对学生的学习情况进行及时跟踪了解，加强与学生的在线交流，增强商务英语教学的灵活性和趣味性，激发学生的学习积极性。

第三节 商务英语多模态教学模式

一、多模态教学模式概述

（一）多模态的定义

模态被视为通信和媒介的渠道，其中涉及各种符号系统，如语言、图像、色彩和音乐。多模态源于形态学，引起了许多语言学家的关注，特别是在社会符号学领域。不同研究者对多模态的定义是不同的，其中克雷斯（Crace）把"模式"和"媒体"区分开来，即模式是一种能同时完成话语和交际的符号资源，它可以通过一个或多个介质来实现。媒体是指符号产品中使用的材料资源和事件的产生，包括工具和使用的物质。具体而言，视觉、听觉和触觉是感官形态，但眼睛、耳朵、手作为感知外界的工具是媒介。模式和媒体是相互影响的。媒体的选择会影响它们通过不同方式传递信息。由于现代技术的发展，多模态和多媒体应运而生。多媒体包括多种媒体形式，包括文本、视频、图片等。这两个术语有时可以互换，但多模态比多媒体更适合语言教学。基于此，多模态意为借助于不同模式、符号系统和感觉通道，如图像、视频、语言等进行交流。

（二）多模态教学模式的定义

多模态教学模式是以多模态话语分析为理论的教学模式。针对此模式而言，其注重全面调动学生的不同感觉器官，把触觉、听觉、味觉、视觉以及嗅觉视作英语教学以及学习的相应协助手段。在具体的教学期间，教师应当积极鼓励学生进行大量的听、说、读、写等练习，借助于一系列的实际行动使学生掌握所学习的知识。教师在教学方面具有不同的理念，把教学期间的视频、图像以及声音进行充分融合，保证具体教学包含实用性以及趣味性，让英语教学水平获得显著提升。

对多模态教学而言，其属于立足多模态话语分析理论的一种相对较新的教学模式。多模态话语分析极大地促进了多模态教学的发展，它拓展了语篇分析的范围，其不仅注重书面语或口语语篇，而且注重图像、图片、声音、色彩等多种形式的意义。

（三）多模态教学模式的操作程序

现有词汇教学模式分为三个阶段，即课前准备、课堂实施和课后评估阶段。

第一阶段：课前准备。在这个阶段，教师安排学生预习目标词汇。

第二阶段：课堂实施。这一阶段可以分为五个步骤，分别是在课堂中对目标词汇进行表述；对目标词汇的相应发音进行教学；针对所涉及的中文含义进行解释，同时通过例子展开说明；对其派生词汇进行扩展；练习目标词汇，教师要求学生使用目标词汇进行造句与翻译，提供最佳答案和解释相应的错误。

第三阶段：课后评估。教师对课程所涉及的教学内容、重点以及难点进行概括，并布置作业。

现有教学模式把教材作为知识权威，教师主要是按照教材组织教学。教学过程中主要是运用听说法和语法翻译法调动学生的听觉和视觉。

多模态词汇教学模式主张通过使用多种模态符号学来协调各种教学模式和手段，教师应让学生更加主动与积极地参加相应的教学活动，让学生对相应词汇有更加深刻的印象，结合各种练习巩固成果，从而提高词汇教学的效果。多模态教学模式的程序分为三个阶段，即课前准备、课堂实施和课后评估阶段。

第一阶段：课前准备。在进行多模态词汇教学之前，教师应确定本课程的教学内容（掌握关键词汇、搭配和用法等）和教学目标（根据教学对象设定相应的教学目标和要求，学生可以根据自己的条件选择相应的水平），并按照当前教学状况与教学环境规划恰当的教学模式。在课前，教师事先告诉学生课程的学习内容（将要教授的关键词和短语），并让他们预习这些单词和短语。学生根据自己的兴趣，通过网络或词典找到相关的含义和例子，并写下他们在预习过程中遇到的问题。

第二阶段：课堂实施。在开始上课时，教师提出教学内容和教学目标，让学生大致了解本课的要求，然后教授新的词汇。首先，教师让学生在课堂上展示他们预习的结果，以便使学生获得成就感和满足感。然后，教师补充并解释学生预习的内容。在词汇教学的过程中，教师可以通过预先设计的各种模态资源（视频、图片、PPT等）与学生进行多模态互动。同时，教师应注意模态之间的相互转换和灵活运用，这样可以帮助学生充分理解教学内容。通过设计适当的教学任务（替代词汇、成对练习、猜词、造句等），教师可以测试和评估学生的学习效果。

第三阶段：课后评估。在课程结束时，教师总结本节的教学内容、重点和难点，布置作业加强对已学习内容的整合，安排课后预习任务。在多模态教学模式中，教师和学生在轻松、和谐的学习氛围中合作完成教学任务。

因此，多模态教学模式强调为学生提供一个轻松愉悦的学习氛围，让学生参与到课堂活动中，通过视频、图片、声音、表情、图像、语调、肢体语言等调动学生的听觉、视觉、味觉、触觉和嗅觉。

二、商务英语多模态教学模式的建构策略

（一）做好商务英语教学内容的选择和重构

顺利实施多模态教学以及完整进行商务英语教学需要在传统教学内容和结构重构的基础上进行选择和优化，通过精心选择商务英语教学内容、优化商务英语教学素材等一系列手段，实现多模态教学的目标，有效提升商务英语课程的教育质量。在选择和重构商务英语教学内容的过程中，要结合高校和专业的特点，找出课程要求、教学素材中与商务英语教学实际和多模态教学模式相适应的部分，通过精心组织、科学选择、系统调整促使商务英语教学的进程和实质符合多模态教学模式的要求，进而保障商务英语教学的效果。教师在选择和重构商务英语教学内容的实际中要善于利用互联网、功能元件、社交软件等重要平台，选择与商务英语教学实际相结合的视频、音频、图片，在灵活化商务英语教学的基础上实现教学的进一步创新和重构。

（二）做好商务英语教学课件的制作和应用

传统商务英语教学模式中课件的制作是教师的主要任务，由于教师与学生之间存在的年龄差距、教师自身专业特点方面的制约和影响，导致课件在制作和应用中难以适应商务英语教学的实际要求，也难于体现多模式教学的具体要求。新时期，教师要提升制作和应用商务英语教学课件的能力与水平，提高课件的直观性、形象性、生动性，将课件和商务英语教学内容做到进一步整合，通过扩大课件范围、提升课件制作质量等方法建立顺利实施商务英语教学的新平台和新环境。此外，要扩大商务英语教学课件的制作主体，让更多的学生参与到课件的制作和应用的过程之中，将学生的需要和特点反映到商务英语教学课件的立项、建构、实施的各个环节，让商务英语教学更多地表达和体现多模态教学模式的内涵与实质。

（三）灵活运用各种策略实施商务英语教学

多模态教学模式在商务英语教学中的应用要以各种教学策略和方法的创新性应用和灵活性运用作为前提和基础。教师要结合商务英语教学和课程的实际

和具体要求进行新方法与新策略的选择，采取情景教学方法、互动教学策略、任务驱动模式等方式建构商务英语教学的新方法和新模式，突出多模态教学方法的核心优势，更好地激发学生参与商务英语教学的积极性和趣味性，从而让学生成为多模态教学模式中的真正主体，更准确、更全面地开展商务英语教学的内容和环节，打造商务英语教学的功能化平台，把传统的商务英语教学模式通过各类策略和方法进行重构，使商务英语教学成为学生发展和提升的重要基础和平台。

（四）构建系统的商务英语教学模式评价体系

在商务英语教学新模式和新体系的建设中，要以评价机制和考察系统的建设作为重要前提与基础，更多地倾向于商务英语教学的实际。针对多模态教学的特点和目标对教学过程和学习进程进行全面而客观的评价，更多地突出多模态教学对学生综合能力和职业素质的考核和评价，将评价工作的重点倾向于学生的成长与未来发展。我们要立足于多模态教学模式的过程，多元化地对商务英语教学实施展开评测，增加商务英语教学中学生自评维度和学生间互评体系，扩大评价的主体范围、设置评价的科学权重，使多模态模式在教育教学的实际过程中形成完整的体系。依靠系统评估和科学评价更好地检测商务英语教学的重点环节和全部过程，使评价体系成为多模态教学模式下进行商务英语课程的支持基础与保障前提。

商务英语教学模式创新和变革应该以激发学生积极性和热情作为出发点，要构建适于新时期和新需求的多模态教学模式，立足于商务英语的特点真正培养学生英语和商务的综合能力与素质，形成进行商务英语教学模式的新策略和新方法，更多地服务于商务英语教学实际和学生发展需要。最终能够让商务英语教学体系形成完整而系统的功能化体系，构建新时代商务英语教学的多模态、多价值的教育教学新系统。

第四节　商务英语校企合作教学模式

一、校企合作教学模式概述

（一）校企合作的内涵

校企合作是当下流行的学校为了自身更好发展、抓好教育质量、依托市场需求进行人才培养的一种新型双赢模式。校企合作是指以国家政策支持为依托，由学校邀请企业或行业专家，在通过共同构建校企合作体制的基础上开展全方位、深层次的合作交流，从而达到培养新时代社会主义现代化建设所需要的复合型人才的目的。其关键在于推进政府、学校、企业、行业组织四方坚持"长期合作、共同受益、协同发展"的有效机制，以"技术转移、资源优化"为平台载体，以"良性互动、互惠互利"为合作原则，创建政府、学校、企业、行业组织四方参与的"服务经济、适应市场、衔接行业"的灵活调整机制，实现校企合作协同育人。其根本目的在于实现区域经济产业升级，使学生将校内"第一课堂"理论知识与企业"第二课堂"实践技能有机融合起来，实现场地、设备、技术、专利、理念、人才、管理、创新等的优势互补，培养注重专业实用性与市场实效性的高素质人才。

当前国内典型的校企合作模式包括四类：一是"工学结合"模式，是指当前我国高校广泛采用的将学习与工作相结合的一种教育模式。在"工学结合"模式下，学生遵循"2+1+1"阶段式教学（即两年基础课程+一年专业课程+一年企业实习实训）。在学制第四年参加企业实习实训的学生以"职业人"的身份在接受学校过程管理和考核与企业常规管理义务的同时，还享有获得企业劳动报酬与学校学分的权利。学生亲身参加实际工作接受指导与锻炼，将理论知识与实践经验结合起来，享受优先被雇主聘用的机会。二是"校中企"模式，即学校提供场地及配套服务，企业将部分生产线放置于校园内，提供给学生生产性实训岗位，实行"知识理论学习"和"顶岗实习实训"有机结合的办学模式。"校中企"模式具有节约企业生产成本、学校教师参与技术开发、学生获得顶岗实践的机会等优势。三是"实训承包"模式，由学校提供场地支持，企业提供设备与师资力量，双方经过约定在校内建立仿真实训中心，该中心同时给企业员工与学校教师进行专业培训、参与学校教学计划的制订并承包学校相关实训课程。在"实训承包"模式中,企业得到学校场地的支持,学校教师接受专业实训。四是"订单式"人才培养模式,指学生从入学起接受校企双方共同的教育教学管理,校企双方签订用人订单,学生完成工学交替学习模式,毕业后享有优先在培养企业就业权利的一种合作型、高效型的人才培养模式。这种人才培养模式最大的优点在于保证学生就业的同时,学校在技术、厂房设备、人才培养质量中受益,企业在人才培养效率上受益。

(二) 校企合作的理论依据

20世纪70年代德国教授哈肯(Haken)于《协同学导论》中首次提出协同理论。协同理论认为系统内部与系统外部各要素之间均存在着相互合作、相互制约的关系。其在实践中被广泛地应用于生物学、经济学、社会学等学科,并逐渐形成一系列跨学科框架。协同理论主要包括三方面内容:第一,协同效应。协同效应是指无数子系统相互作用从而产生复杂开放的大系统,它是系统能够正常有序运作的内在动因。各个独立的子系统与大系统相互协作,可达到"1+1>2"的效果。第二,伺服原理。快变量服从慢变量,子系统服从集体变量。即系统临界点上,随着快变量被迫追随慢变量的组态,集体变量逐渐主宰整个系统的演化过程。第三,自组织原理。自组织与他组织是两个相对概念。自组织是指不需要外部指令的前提条件下,系统内部各个子系统之间能够遵循自有规律、按照一定规则自发形成一定的结构或实现一定的功能。他组织指系统外部各个组织指令与组织能力。协同论是一门以研究完全不同学科中存在的共同本质特征为目的的学科。它为复杂性事物演化发展提供了新视野和新方法,具有较强的普适性,因此协同理论引入并持续推进至教育教学管理工作中,将对教育教学理论的创新发展、对解决现实教育教学实际工作中的问题具有启示性作用,它提供了一种崭新的思维模式与理论视角。

校企合作需要政府、学校、企业、行业组织等多部门共同协同配合。依据协同理论,首先,校企合作的教学设计必须重视课堂内外的协同效应,将课堂上所学的理论知识充分在工作岗位上进行实践,再将工作中的经验反馈回学校,以实践加深理论,促进学校的教与学。充分以实践企业的资源为依托,打破学用界限,才能使学生将企业实践落到实处。其次,校企合作中的四个自系统在独立发展的前提下又需要深化合作,方能达到协同理论的"1+1>2"的效果。学校的办学目标为培养高素质人才,企业着眼于经济效益,是社会经济发展的助推器。行业组织监督促进企业的发展,同时发挥企业与政府间的桥梁作用。同时政府需发挥其介入和管理职能,有效督导高等学校、企业、行业组织。企业作为高校人才的需求方,需要履行社会责任,塑造良好的企业形象。行业组织掌握核心行业信息,为政府提供行业信息,为高校提供社会人才需求与标准,加深学校与企业合作。最后,从自组织角度来看,学校的英语专业培养的人才分为研究型与应用型人才:研究型人才着重于理论思维的开发,而应用型人才则强调实践经验、技能提升与改进。

二、商务英语校企合作教学模式的构建策略

(一) 校企合作构建课程体系

一个合理的课程体系对于商务英语教学发展的重要性是不言而喻的,也是商务英语教学取得突破的首要问题。校企之间的深度合作首先应该体现在共建课程体系层面。商务英语课程的设置必须能够满足学生岗位能力形成与发展的要求,使学生在完成了相关的课程学习后能够具备在相关岗位就业的能力。而对于岗位能力的需求最了解的无疑是企业,所以在构建商务英语课程体系的过程中,学校应该向企业开放,让企业可以参与到课程建设当中,为商务英语课程体系的打造出谋划策。一方面,将岗位能力分析的工作交给企业,让企业根据行业发展的实际提炼出所需的岗位能力,并形成分析报告。从而为学校的商务英语课程体系的建设提供科学的依据,改变课程的建设与企业用人需要相互脱节的矛盾局面。另一方面,学校以自身的办学实际为基础,结合企业提供的岗位能力分析报告,搭建商务英语专业的知识与技能体系。从而明确在商务英语教学中需要安排的课程,对于现有的公共基础课程模块、商务学科知识课程模块、商务英语能力表达课程模块、实践技能课程模块进行优化,打造出更加具有实用性的课程体系。通过企业参与到课程建设当中,商务英语课程的设置将变得更加科学,满足行业对于学生能力的要求。同时,也可以使校企之间的合作范围得到扩大,让企业在合作机制中有更大的发挥余地,提高企业参与商务英语教学的积极性。

(二) 校企合作优化实训教学

实训教学是商务英语教学的一个重要组成部分,也是最能体现商务英语与普通英语教学之间差别的关键内容。实训教学的目的是提高学生商务英语知识与技能的应用训练,让学生在一个更加贴近于应用的环境中积累知识并提高技能,从而使学生积累一定实战经验。但是,实训教学如果仅仅依靠学校自身,无论采取何种方式,其距离真正的实战始终是存在差距的。企业是学生进行商务英语实战的真正场所,只有让企业参与到实训教学中,商务英语实训教学才会有巨大的突破,实训教学才能得到真正优化。

一方面,在校内实训课上,可以让企业参与其中。在实训课堂环境的营造

上可以征求企业专业人员的意见，从而为校内实训的教学打造一个更加逼真的实战环境。在教学内容上，可以寻求企业的帮助，以企业经营的实际案例来开展案例教学，或者与企业共同编写合适的实训教学案例，从而解决商务英语实训教学中案例陈旧的问题，提高实训教学的效果。通过让企业参与校内实训教学可以最大限度在课堂上模仿真实的实战环境，让学生在更加真实的实训教学环境中进行学习，使学生的商务英语实战经验得到有效的积累，实战技能得到更大的提升。

另一方面，以企业为中心，开展校外实训教学。学生实战能力的提升最终还是要在真正的实战环境中进行，而企业自身无疑是最为理想的场所。通过校企合作，在企业建立校外实训基地，在完成系列理论课程的学习后，让学生到专门的校外实训基地进行校外实训学习。校外实训学习期间的教学工作由企业的员工来负责，实训教学的内容为企业与学校共同选取的业务内容。在企业员工的指导下，学生通过参与业务活动来完成知识与技能的运用，积累实战经验。同时，在校外实训教学期间，企业的业务开展还能够得到人力资源的补充，为企业创造实实在在的经济效益，同时学校的实训教学也能够得到有效开展，学生的能力得到充分的锻炼，实现共赢。

（三）校企合作共建师资力量

由于商务英语专业教师长期脱离行业发展的一线，其知识结构、技能等与行业的发展会存在一定的脱节，从而对于教学带来一定的影响。提高学校商务英语师资力量应该以学校的专业教师为主，企业的专业人才为辅，使得师资力量得到优化。

一方面，通过校企合作对学校专业教师的知识结构与技能进行优化与升级。利用学校与企业的交流互动机制，给教师提供到企业进行实践学习的机会。每年安排部分教师在特定的时间到企业经营的一线进行顶岗实习和挂职锻炼，让教学通过参与经营活动及时更新知识，把握行业发展的新动向，以完成知识的更新与优化。同时，还可以定期组织企业的专业人才对教师进行培训，为教师知识与能力的提升提供更加多样化的途径。

另一方面，可以将企业的专业人才引入到商务英语教学中。校企双方可以打通人才交流的通道，在教师的招聘上，可以优先给合作企业中有意在教育事业中发展的专业人才提供机会，从而为专业教师队伍的补充打下良好的基础。此外，除了在校外实训教学中由企业员工担任教学工作以外，在校内教学中也可以引进企业的人才充当兼职教师，打造一支流动的专业教师队伍，提高教师队伍的整体素质，充实师资力量。

第五章 商务英语教学实践研究

近年来,商务英语专业在我国被越来越多的高校所设立,商务英语人才的培养和发展受到了国家和社会的普遍关注和高度重视。中国经济的新常态、"一带一路"的倡议倡导以及互联网经济的蓬勃发展,使得中国经济在新时代迈向了新的发展方向。中国在国际交流与贸易中的地位也日益提高,其前景也面临全新的机遇与挑战。在经济新时代的驱动下,中国经济的发展对商务英语人才的需求提出了全新的标准和要求。为了适应市场发展需要,紧跟时代发展步伐,满足社会对应用型人才的需求和渴望,高校在新标准新要求下对商务英语教学应做出全新改革。在教学模式、教学方法及教材选用上需进一步完善与创新,不断提高商务英语人才培养的质量,实现人才为市场所需、人才为市场所用。

第一节 商务英语听力教学实践

一、商务英语听力教学的原则

(一)听力材料中进行文化内涵渗透原则

语言教育在很大程度上是依附于文化教育存在的。然而,课堂是实施文化教育的一大关键渠道。借助于英语听力材料的学习,学生不仅能够充分地了解国际商务理论的相关知识,还能熟练地掌握商务交际技巧,并能深入理解其中的政治以及文化内涵。在商务英语专业的听力教学中,人们不能仅机械地关注具体的事物,而忽略了对事物背后更深层次的人文内涵的探究,从而导致有一部分学生仅知道此景,却不知道其背后的文化背景。因而,在进行商务英语听力课的教学中,教师应坚持在听力材料中渗透文化内涵的原则,同时应坚持知识的介绍和文化涵养介绍"两手抓"原则。不仅应确保教师的人格魅力与示范作用得到充分有效发挥,同时还应促进学生身心的全面发展。

(二) 听力材料和商务专业知识有机结合原则

对国内的一些商务英语专业听力教材进行分析不难发现,很多教材都是密切结合各种商务环境、商务日常活动、商务实务案例以及国际商务考证培训等实际需求并以循序渐进的状态展开课堂教学。学生如果能够较好地掌握这些基本的专业基础知识,对其进行有效的商务交流活动将非常有利。当然,如果学生在专业课上接触过这些商务专业方面的相关知识,在进行听力理解时通常也会极大地降低理解的障碍和难度。同时,学生如果学到这些与商务专业术语相关的知识,对其语言交际能力的提升也将很有帮助。

可见,教师在进行商务英语听力教学时,不能单纯地局限于书本上一些简单的个别段落的介绍,在备课时还应适当地融入一些商务专业方面的知识,这样也能让其在讲解时做到有理有据,能更有效地贴合专业知识进行教学。当前,很多高校的商务英语教师在进行听力教学的过程中,基本上都能很好地兼顾商务专业知识的融入和对学生基本听力技能的训练。其实,要想做到这一点并不容易,需要教师做一个有心人,在日常的学习和工作中不断汲取新知识,不断提升其综合素质和课堂把控能力。

(三) 听力训练情景多样原则

在高校商务英语专业听力教学中,还应秉持课外补充课内、听说并举这一指导理念和思想。也就是说,教师应确保听力训练情景的多样化,在具体进行教学实践时,通常也可以借助多种多样的形式,如可以借助于收听校园英语广播,也可以每天定期播放课文录音,此外,还可以在听力材料中融入英文小故事等。借助于这种课外补充的形式还能有效扭转一些学生听力学习兴趣普遍偏低的情况,以极大地激发学生的听力学习兴趣和学习潜能。这能够从根本上改变学生听力普遍比较差的情况,此过程还能够不断地熏陶并培养学生的听力意识。除此之外,进行听力能力训练的形式还有很多种。例如,可以让学生看原版的英文电影、观看录音录像资料、观看英文新闻报道、听英语广播等,这些都是提高学生听力技能的有效形式。教师还应鼓励学生收听或收看各种英语信息,养成自觉学习英语的习惯。

(四) 依托多媒体原则

通常意义上,多媒体教学指的是运用多媒体设备并借助多媒体软件来展开相应的英语教学活动的具体过程。多媒体教学又被称作计算机辅助教学（Computer Assisted Instruction，CAI）。就目前来看，有很多教师已经逐渐意识到现代教育技术在英语教学中所发挥的作用以及所处的地位。并且，大部分教师也基本上能够熟练地利用并掌握 CAI。这种教学手段的运用极大地改变了传统教学手段的单一性、机械化，并使课程教学更加生动、形象。在实际的商务英语听力课中，善于运用多媒体也有着至关重要的作用和意义。例如，教师可以采取在教学活动中播放一些具体情景的英文版光盘视频等形式，借此来指导学生对现代商务交际活动的实际情景进行模仿，以最大限度地激发学生的交际欲望，并使学生对各个实践环节的学习成果得以夯实和强化。当然，具体采用多媒体方式进行教学时，方式可以多样化，或者也可以采取静音功能，教师引导学生按照实际的拍摄场景运用英语来进行讲解。这样教师依托于多媒体这一平台能够让学生在商务听力学习中做到"身临其境"，展示个性和想法，并使其能力得到有效的发挥。但是，多媒体的使用也应适度，追求实效。

二、商务英语听力教学的对策

（一）教材整合策略

通常，听力教材大多是由一些经验非常丰富的专家编订的，很多听力教材在内容设置方面具有合理、丰富的特点，并且听力教材设置的难度也应有梯度，应确保难度循序渐进，并应与外语习得的一般规律相符。尽管如此，由于听力教材内容较多，要想在有限的课程时间内对教材进行充分把握，听力教师结合学生实际对教材进行相应的取舍和调整非常有必要，只有这样，才能以最有效的方式将重要内容传递给学生。要想做到这一点，就需要教师将教学大纲作为主线，与学生的实际情况和其自身的教学经验结合起来对教材进行二次开发，从而最终达成教学大纲上的教学目标。通常，对教材进行整合可以围绕以下两大方面进行：其一，对教材内容进行取舍和变形；其二，围绕教材进行延伸。下面分别对这两大方面进行具体分析。

1. 对教材内容进行取舍和变形

对当前的商务英语听力教材进行分析发现，很多教材普遍存在着同工作岗位的实际运用联系不紧密、教材选材范围不够广泛以及教学内容更新不及时、系统性和专业性有待提升等现状。在实际的商务英语听力教学中，要想使教材得到更充分的运用，教师就应对部分教材内容进行相应的取舍和变形，以使教学更好地服务于商务英语听力教学。

2. 围绕教材进行延伸

在商务英语专业听力教学中，教师要想最大限度地提升学生的听力技能，并使其听力技能实现质的飞跃，还应注重对教材内容进行相应的扩展和延伸。

(二) 分层次教学策略

通常，分层次教学模式大体上可以分为显性和隐性分层次教学两大类型。

其中，显性的分层次教学分为彻底分层、由自然班过渡分层与单盲法分层这几大类型。在新生入学后，教师可以采取对新生进行摸底考试这一形式，根据测试成绩并参考高考成绩，将学生分成优等生、中等生和差等生三大不同的层次。不通知学生所属班级层次叫单盲法分层。与之相反，通知其所属班级层次叫彻底分层，学生入校以自然班的形式学习一段时间之后，结合学生的综合表现，对学生进行分层，也就是从由自然班过渡到分层教学。而隐性的分层次教学则是以自然班形式，依据学生的实际水平有针对性地对学生进行分层教学。

第二节 商务英语口语教学实践

一、商务英语口语教学概述

(一) 商务英语口语特点

商务英语是一门专门用途英语（ESP），着重培养学生的专业技能及职业素养。而商务英语口语教学的目的是培养学生能够熟练掌握商务英语技能并进行良好的口头表达。这也就意味着，商务英语口语教学要遵循语言教学的一般规律，同时也要兼顾作为 ESP 的特殊性，它具有以下两个突出特点：

1. 词汇特点

相比一般英语口语，商务英语口语的交际活动要尽量避免书面语的华丽辞藻，以保证商务交流的严谨性与客观性。商务英语口语是在实际的商务交流中产生的，其运用的词汇多为言简意赅、平实易懂的词汇。在交际中许多学生往往会认为使用一些晦涩难懂的"高级"词汇会显得自己语言功底深厚。但事实上，过度追求华丽的辞藻反而难以将商务英语交际中的内容准确有效地表达出来。

2. 句法特点

商务英语口语的特点也表现在句法方面。通常的英语交流或书面表达中会注重追求丰富的语言语句。相比之下，商务英语口语则强调长话短说，要避免在交际活动中使用修饰过度的长句。具体而言，在商务英语口语交际中，语句首先表现为较强的目的性。任何语句的运用都是为了完成交际任务，因此，交际中的语句需要具有较强的客观性，且带有一定的目的性。此外，商务英语口语的语句表达具有明显的逻辑性、有效性。在商务交际活动中，为了使双方能够了解彼此的意图及相关要求，需保证口语表达中所有语句都要具有一定的合理性与逻辑性，保持语义连贯，这样才可以准确地将信息表达出来。

（二）商务英语口语教学现状

教学实践表明，当下的商务英语口语教学现状不容乐观，诸多问题亟待解决。

1. 商务英语口语教学内容方面

商务英语口语教学要将诸如物流、旅游、管理、营销以及金融等知识融会贯通，但实际教学中，大部分教师仍停留在基本的对话层面的教学，着重对话过程中词汇、语句与语法的训练等。而且，对于商务英语教学整体而言，口语仅被作为其中一小部分。同时，也有院校在开展商务英语口语教学活动中存在将英语口语练习与国际商务知识讲解分割开来的现象，并且在商务英语知识讲授中，由于内容较难，有些教师就以中文为授课语言，对学生的口语提升并没有直接帮助。

2. 商务英语口语教学模式方面

教学模式上，商务英语口语教学中以教师为主体的传统教学模式仍是主导模式。教师通过播放录音或录像，配合相关商务英语词汇、语句以及一些语法的讲解，然后由学生结合知识点内容进行口语训练、开展简单的对话活动。这种方式很难调动学生的学习主动性，学生被动地完成教师布置的任务，实际的口语锻炼少之又少。长此以往，学生渐渐会失去对口语学习的兴趣，很难真正提升口语能力。因此，在商务英语口语教学过程中，教学模式要推陈出新，从而真正调动学生的主观能动性，切实提高学生的口语交际能力。

3. 商务英语口语教学规模方面

随着各专业的扩招，英语专业的班级越来越大，而师资却相对缺乏，造成师生比失衡，从而导致商务英语口语的课堂也逐渐变成大班教学。与小班教学相比，课堂上教师能为学生提供的专门口语实训机会不可避免地被大大缩减。仅靠课堂上极其有限的口语练习，缺乏真实的情景及有针对性的口语训练，学生很难把商务知识和英语技能融为一体，更无法解决真实商务工作情景中的问题。

二、移动终端辅助下的商务英语口语教学

商务英语口语教学要实现良好的教学效果，必须满足信息化时代的发展需求，教学改革势在必行。随着国内对互联网+教育的大幅度投入，教师可以充分利用信息技术，在移动终端的辅助下，取得更好的商务英语口语教学效果。

（一）教学内容与移动技术的结合

教学内容要回答的是"教什么"的问题。移动学习带来的第一个变化就是学生不再被固定的纸质教材所束缚，学习情境不断发生变化，相应地也让教师思考教学内容的变化。移动学习可以让学生在移动网络和移动设备的支持下随时随地根据自身需要进行英语学习，这为学生的学习提供了全新平台的同时，也有助于优化传统商务英语口语教学的内容。一方面，教师借助移动端辅助平台，将传统纸质教材与网络资源相结合，在移动端设置不同商务英语情境的口语交际任务，引导学生使用纸质教材的同时能够有效利用网络资源，这极大地丰富了教学内容，弥补了课堂教学的不足。另一方面，教师立足教学内容，紧扣学生的发展需求，将商务英语情境作为学生移动端学习的重要载体，优化了课堂教学，能够让学生在学习中感受到商务英语口语的乐趣，从而更好地激发学生主动学习。在移动教学辅助的实践应用中，商务英语口语教学的内容更加丰富，多元化的课程体系得以实现，学生的口语能力从而得到切实的提高。

（二）教学模式在移动终端辅助下的良性变革

在教育教学信息化的大背景下，移动终端的应用转变了传统商务英语口语以教师讲授为主的单一教学模式，在开放式的教学空间，教与学相得益彰。教师根据教学要求按教学进度及时制作并上传学习资源到移动学习平台。学生利用移动学习设备，在课外随时登陆学习中心进行学习。同时，在整个教学过程中，师生可以通过网络及时沟通互动，弥补了课堂教学中师生比失衡而导致的交流缺失。

与传统面对面口授相比，基于移动终端辅助学习的商务英语口语教学模式具有明显的优势。首先，移动端能够更好地搭建自主学习空间，让学生在情境中灵活完成口语练习，提高学习兴趣，切实保障了学生口语学习能力的提高；其次，教师通过设置移动端的学习任务，引导学生自主探究，在有效的学习引导中，教师得以有效开展教学；再次，移动端的辅助学习转变了传统僵化的教学形态，在学与教学的有效创设下，将口语教学融入商务活动之中，从而提高

学生的综合运用能力。

（三）教学手段的改革

在移动终端的辅助学习模式下，商务英语口语教学的手段不再局限于黑板以及多媒体投影设备，各种先进的教学手段和学习平台日渐普及。首先，教师可以有针对性地开发学习网站，将课程资源发布到自建的教学网站，或者发布在线作业等，供学生自主学习，学生在课外可以自主安排学习进度。其次，各种移动端学习平台也得到了充分的利用，QQ 群、微信群、微信公众号、雨课堂、钉钉等都是很好的移动辅助手段。教师可以创建自己的群或者班级，将学习内容和要求预先发布，从而组织学生在相对自由的时间和空间中展开口语交流；最后，各种移动英语口语学习 App 具有较强的趣味性和交互性，能够缓解学习的枯燥乏味，并且能通过人工智能评价学习效果。比如英语流利说、英语趣配音等，都是年轻人喜闻乐见的有效辅助学习方式。教师需要做的是，从内容和功能的角度，向学生推荐合适的 App，并跟踪学生课外学习的进程，从而在整体上引导学生的有效学习，保证教学的质量。

（四）考核方式的改革

在传统的商务英语口语教学模式下，考核一般是通过期末考试辅以平时随堂小测等平时成绩形成一个综合性评价。这种考核方式具有一定的科学性，但是并不能全面客观地评价教与学的过程。

在基于移动辅助终端的商务英语口语教学模式中，教学考核可以灵活地采取过程性评估和终结性评估两者相结合的评价方式，这样能更科学、更客观地记录教学过程以及教学效果。从过程上来看，一方面要考核教师是否有明确的教学目标定位、科学的教学设计、教学资源制作的质量、线上资源的使用情况、教师与学生之间的实际交流的频率以及时效性等；另一方面要考核学生参与口语学习的主动性和自觉性、完成学习内容的时长、参与互动交际的积极性、提交口语作业（录音或者录像等）的时效性等。在课程结束阶段，考核可以依托移动技术进行灵活多样的口语课程考核。最后，要合理分配过程考核和结果考核比例，形成科学合理的综合性考核结果，实现真正全程参与的有效的商务英语口语教学考核体系。

三、体验式商务英语口语教学

（一）要从结合教材出发

在体验式商务英语口语教学的情况下，教师必须重视英语口语教学的教材，把握对于英语教材的分析，明确相关的英语教学目的，进而有效地开展英语教学，为学生后续学习英语口语打下坚实的基础。在进行体验式商务英语口语教学课程之前，教师可以首先根据英语教材中的内容选择合适的英语教学主题，让学生完成英语教学的任务。商务英语口语教学的目标是指学生通过后期的学习提高自己的英语口语交际能力，让学生掌握基本的商务口语知识，并且可以熟练地掌握商务英语口语中的语言技巧以及相关交流策略，培养学生的商务英语口语情感体验。学生通过基本的商务英语口语教学可以拓展商务英语知识视野，养成基本的商务英语观念，在情感上培养对于商务英语口语的学习自信心。

（二）教学过程中设计相关的教学情景

在教师引导学生学习商务英语口语教学过程中，教师要结合相关的学习内容来进行英语口语的情景设置。情景的设置过程必须要符合教学的基本内容，结合学生的兴趣爱好、心理接受能力以及生活实际开展。只有这样，才能在教学的过程中完成教学目标，提高商务英语口语教学的质量和效率，调动学生的学习积极性和主动性，让学生主动参与到商务英语教学课堂的学习中。举例来讲，在教学过程中，教师可以根据学生实际的学习英语现状来开展商务英语的角色扮演活动，可以让学生进行自主分组，一组的学生扮演商务甲方，另一组的学生则扮演商务乙方，之后，教师引导学生观看自己事先准备好的商务英语教学视频，让学生根据自己观看的视频来进行情景的模拟。同时，教师在这个过程中要注意观察学生的课堂表现，及时地帮助学生解答课堂上的问题，指正学生的错误，让学生可以高效地完成商务英语的学习。

（三）让学生提前准备好教学材料

在体验式商务英语口语教学的课堂中，教师需要提前准备英语教学的材料，同时，学生也必须要在课前做大量的准备工作。教师要求学生在课程开始之前进行预习的工作，提前搜集与本节课相关的教学材料，引导学生积极参与到英语口语学习资料的准备中来，激发学生对于商务英语口语学习的求知欲望。例如，本节课商务英语的学习要求学生掌握基本的商务英语谈判技巧，在这种情况下，教师就可以让学生在课前提前观察并且准备一些有关商务英语谈判的视频或者图片，鼓励学生进入图书馆搜寻相关的英语口语谈判技巧和口语谈判常用语，之后教师在小组内进行传阅、小组与小组之间进行传阅，集思广益，扩大学生的商务英语口语知识。

四、基于产出导向法的商务英语口语教学

产出导向法（Production Oriented Approach，下文简称 POA）强调产出的过程，同时也强调产出的结果。此处从 POA 理论的教学流程即驱动、促成和评价三个阶段分析及探讨教师如何在高校商务英语口语教学中应用 POA，以提高教学效果，提高学生商务英语口语的运用能力。此外，POA 主要针对的是中高级外语学习者，因此该理论应用在高校商务英语口语教学方面具备可行性。

（一）教学驱动

根据 POA 理论的第一阶段，教师需要从商务英语口语课堂的开始明确给学生呈现具有交际意义的场景。以学习商务英语的 presentation（报告）口语为例，教师在上堂之前务必准备好有关 presentation 的相关视频材料，该材料尽可能呈现真实的场景，最好选择原汁原味的场景或者经过教学设计达到教学标准的教学视频。这些视频所呈现出来的交际画面直观生动，涉及的相关商务英语语言具备认知的挑战性，让学生看完视频之后能够感受到这些场景很可能就是他们以后工作时会遇到的场景，他们以后在工作岗位上有机会参与这些场景，这些语言技能是需要他们掌握的。

接下来是学生尝试产出。学生看完视频进行相应的场景练习。学生尝试完成任务后会发现他们目前的语言能力不足以完成视频语言能力要求的任务，视频所运用的语言目前对他们来说有一定的挑战性，需要他们去学习，这能够激发他们学习的激情，也就是所谓制造出学习的饥饿感。

驱动的最后一个部分是教师说明教学目标和产出任务。当学生经过驱动的第二部分尝试产出之后，教师应向学生明确教学目标和产出任务。产出的任务是达到视频难度的，能够流畅、按步骤进行报告工作。

（二）教学促成

根据 POA 理论，这一阶段的第一个环节是教师描述产出任务，让学生明确任务的具体细节与步骤。接下来教师提供一系列与任务相关的输入材料，这些材料包括词汇句型知识，同时也包括任务背景知识，即 presentation 相关的

商务背景知识,此外礼仪、交际等方面的知识也包括在输入材料里面。学生根据教师所提供的输入材料进行选择性学习,选择哪些材料涉及的知识可以帮助他们完成该任务。接下来是学生练习产出,分组进行调研结果汇报。教师组织好每组的产出练习,鼓励学生积极参与并严格检查每组的完成情况。

(三) 教学评价

教师首先对学生的任务产出进行即时评价,也就是在学生分组进行汇报工作之后,对每组的完成情况做出相应的点评,指出亮点以及存在的问题。其次,教师需进行延时评价,即学生根据教师要求进行课外的练习与问题的修正,在下一次课进行复习性产出,加强学生对任务的熟悉与理解。此外,高水平的学生可以根据目前专业实习或者专攻领域进行扩展领域的练习,即在原学习任务的基础上,根据自己目前实践的情况,进行与实践环境相关的口语presentation练习,即进行迁移性产出。

第三节 商务英语阅读教学实践

在英语专业中,阅读课是非常重要的专业基础课,阅读课的教学材料往往是英美文学作品,教师引导学生在阅读中学习新的词汇、语言知识,从而增强阅读理解能力,提高阅读理解的速度。但商务英语阅读具有一定的专业性,在商务英语阅读教学材料中有很多商务专业术语,文章中的内容涉及很多行业,这对学生提出了更高的要求。商务英语阅读课的目的不仅使学生提高语言水平和理解能力,同时要使学生学习实用性较强的商务专业知识,教师一方面要指导学生掌握阅读技巧,提高阅读理解能力,增强语感,使学生的实际语言能力得以提高。另一方面,教师通过引导学生阅读材料学习到更加实用的商务知识,以适应未来社会和职场对学生的要求。因此,在日常教学过程中,教师需要既注重学生阅读能力的提高,又要兼顾学生商务知识的获取。

现阶段,商务英语阅读材料主要来源于国外商务报刊或杂志的原版文章。大部分文章的实时性较强,均为最近世界商务活动的纪实,商务专业术语较多,且篇幅一般比较长。这门课程的讲授对象一般为商务英语专业低年级学生,这些学生虽然通过苦读积累了大量的语言知识,但缺乏相关商务专业知识作为基础,同时也没有实践经验,这使得学生商务英语阅读能力较欠缺,增加了对商务文章的理解难度。目前,我国对高层次复合型商务英语专业人才的需求数量越来越大，但毕业生要么具备较高的外语水平，但对商务知识了解很少；要么只具有良好的商务知识基础，但外语水平有待提高。因此，商务英语专业若想培养出"商务+外语"的复合型人才，必须加强商务英语阅读课程建设，这样才能为国家培养更优秀的高素质复合型商务英语人才。

一、翻转课堂在商务英语阅读教学中的实践运用

（一）课前教学短片的准备

为了提高翻转课堂的效果，课前的准备设计发挥着不可替代的作用。在课前教师准备过程中，在教学视频的选择上，教师需要选择一些比较有趣、易懂、高效的短片。教师还需要充分利用网络技术将教学内容结合一些生动的图片和视频展现在学生面前，使学生能够更加方便地抓住课堂内容的重难点。商务英语阅读教学是为了突出商务环境，因此视频的选择对于课堂环节非常重要，学生在观看视频时需要有身临其境的效果。教师需要结合学生的学习特点和教学内容的特点进行巧妙设计。

（二）课堂学习内容的丰富

为了使学生更加熟悉和了解商务英语的整体氛围和环境，教师需要设计的课堂活动是模拟一些具体的商务环境，同时精心挑选一些比较典型并且具有真实性的案例加强学生的实践学习能力。此外，教师也可以抛出一个发散性的问题让学生自由讨论，发表自己的观点。通过模拟真实商务英语阅读的背景，学生能够更加明确自身的学习目标和宗旨，教师也能够随时提供宝贵的建议和意见，通过实践操作和模拟，学生可以将商务英语理论知识应用于真实案例当中，能够深化知识点以及提高实践操作能力。

（三）课后教学效果的评价

翻转课堂在商务英语阅读教学模式实践设计的第三个步骤是在上课结束之后，对学生的学习和吸收效果进行反馈和评价。对于传统的教学模式而言，评价学生学习效果的是老师，而翻转课堂则颠覆了这种评价模式，除了老师之外，学生自己也可以是评价者和参与者。评价的标准和维度主要包括对问题的分析能力、是否能够独立自主学习的能力以及最终的作业展示效果等。通过一系列指标，包括定量指标和定性指标，全方位地对学生的学习能力和效果进行准确的评价和设计，通过自评、互评和教师评价等方式使学生全方面认识自己的学习效果，并且对症下药地去改善行为，老师也能够对每个学生的学习效果

有一个更加全面的了解，并且有针对性地对每个学生进行指导和帮助。

二、支架式教学模式在商务英语阅读教学中的应用

鉴于商务英语阅读课程涉及的大多是学生日常生活中接触不到、比较抽象枯燥的阅读材料，教师可以利用多媒体教室，灵活地分解各个教学模块中复杂难懂的阅读任务，在教学过程中适时地为学生搭建支架，巧妙地引导学生在教师创设的商务情境中积极主动地与教师或者同伴协商合作，实现知识的意义建构。教学活动具体可以包括以下几个环节：（1）创设商务情境，搭建主干支架；（2）提出小组讨论问题，引导探究性研讨；（3）针对阅读语篇的每一部分提出问题，引导独立阅读和思考，小组探讨归纳；（4）针对阅读篇章中较难理解的句式设计翻译任务，引导同伴互助，合作学习；（5）利用同一商务领域内的拓展阅读任务进行效果检测，引领提升。在课堂教学过程中，教师可以借助任务教学法和分组讨论法，充分发挥学生在学习过程中的主体作用，让学生自主地掌握所学内容。教师对课本内容只进行简明扼要的启发式的讲解，目的在于通过基本知识的传授引导学生投入高效的阅读和思辨活动。

下面以《新编商务英语阅读教程1》（高等教育出版社）中的一篇商务特写"Franchising in China: A Dead Duck?"为例，探讨一下支架式教学模式在商务英语阅读课堂中的具体实施。

这篇商务特写通过大量的事实和证据呈现了特许经营这种商业模式进入中国的发展状况，其教学目标是帮助学生深入了解特许经营这一商业模式和几个国内外品牌在中国实行特许经营后遇到的问题和取得的成功，同时掌握特许经营这一领域所涉及的英文术语和常用表达方式。学生对这一商业模式不甚了解，篇章中又出现了大量生词，所以需要借助教师搭建的脚手架，逐层深入这篇商务特写，自主地获取关键信息，拓宽学生的商务视野。

（一）创设商务情境，搭建主干支架

首先，联系实际，巧妙导入主题。由于绝大多数学生对特许经营不甚了解，甚至从未听说过，教师首先需要简要介绍一下这一商业概念，然后让学生列举出采用特许经营运作的知名品牌，比如说学生爱吃的绝味鸭脖和张亮麻辣烫，这样就吊起了学生的胃口和兴趣，顺利地将学生引入了该课的主题。其次，拓展思维，引发深层思考。为了让学生深入把握特许经营这一商业模式的内涵，教师可以利用多媒体教室屏幕上的英文问题，将学生引入深层次的思考：（1）特许经营为何在欧美很受欢迎？（2）特许经营对于特许经营的双方各有什么益处？（3）一家企业在中国采用特许经营模式的话，可能会遇到哪些困难？针对这三个问题，让学生展开 15 分钟的小组讨论，这样针对这篇商务特写的主要学习支架就已搭建起来。

（二）续搭支架，引入阅读

因为这一商务特写的开篇聚焦于全聚德近年的特许经营状况，所以教师进一步用英文提出具体的问题，引导学生深入探讨：（1）你喜欢全聚德的烤鸭吗？（2）如果每个城市都有全聚德烤鸭的特许经营店，你认为它的销售会不会异常火爆？在学生表达了自己的想法之后，给学生 15 分钟时间快速浏览全文的前半部分（1 到 8 段）。这样带着对话题的理解和预测去阅读，学生就积极主动很多，避免了面对有难度的篇章时容易产生的抗拒心理。

在这一阶段，通过教师对特许经营的简要介绍以及学生对这一商业模式的小组探讨，每个学生对相关话题的认知水平已经有了较大提高。尽管如此，学生要跨入最近发展区，提升到他或她自己潜在的发展水平，还需要在教师的辅助下逐步实现。所以在这一阶段，教师要进一步搭建脚手架，驱使学生运用各种阅读策略和认知手段从文本中快速获取关键商务信息。

（三）提出问题，引导自主探究

浏览完报道的前半部分之后，学生发现全聚德在采用特许经营模式后遇到了很多方面的麻烦，经营得并不成功。教师就在多媒体教室的屏幕上用英文打出下一步的探索任务：（1）归纳一下全聚德特许经营失败的主要原因。（2）为每种原因找到主要证据。（3）全聚德遇到的麻烦，其他品牌在中国特许经营时有没有遇到呢？在写到这方面信息时作者用了什么逻辑手段铺开细节？针对这三个问题，学生迅速展开小组讨论，集思广益，归纳整理。在小组代表汇报完探究结果之后，教师进一步启发学生，让学生在讨论的基础上总结此商务特写前半部分的主要内容。各小组成员在阅读文本的基础上交流磋商，互助合作，各组代表简要记录讨论结果并向全班同学汇报。

探究完整篇商务语篇之后，学生对于特许经营领域的商务知识已经获得了认知能力上的很大提升，教师可以让他们扮演商务咨询公司高级顾问的角色，为全聚德这一品牌的特许经营的成功出谋划策。

在学生的阅读和探究学习的过程中，教师一定要密切关注学生在完成任务时的难度，一旦发现学生挫折感很重，就要进一步细化复杂的学习任务，在原有主干支架的基础上，搭建更多的小支架，逐步牵引学生向纵深发展，培养学生从商务文本中获取和处理信息的能力，比如说适时地解释一下某些英文商务术语等。

(四) 同伴互助，合作学习

支架式教学模式非常重视协作学习在意义建构过程中的作用。合作学习应该贯穿于整个商务英语阅读课堂的始终。师生合作和生生互助对于商务信息的处理、语言能力的提升、认知能力的拓展都有很强的催化作用，促使学生将已有的潜在发展能力蜕变成现实发展能力，并进一步孕育学生新的潜在发展能力。商务英语阅读课堂中的同伴合作学习，首先体现在各种形式的小组讨论活动之中。其次，在完成一部分段落的信息处理之后，教师可以找出难以理解的、句式复杂的或是专业术语较多的句子，设计成小组翻译任务，让学生在限定时间里协作完成并汇报成果，然后教师有针对性地给出反馈意见。

为了确保课堂探究、合作任务的高效进行，每个小组的讨论记录和翻译成果都要求小组成员在上面签名，课后立即上交，把它作为课程形成性评价的一部分，这也驱使学生积极主动地投入到处理问题、完成小组合作任务的知识建构活动之中。

(五) 效果检测，引领提升

商务英语阅读教学的最终目的是提升学生的商务知识以及对商务英语文本的阅读和语用能力。因此在阅读完重点篇章之后，教师可以进一步搭建脚手架，巩固学生对相关商务领域英文资料的认知和语用能力。首先，教师可以将篇章中涉及的专门商务用语在多媒体教室的屏幕上列出汉语表达，以小组对决的形式让学生迅速说出对应的英文。其次，教师可以从英美报刊中查找同一商务领域的最新报道，设计出一系列的主客观问题，让学生限时作答，以检测和巩固学生处理同类商务信息的能力。

这是支架式教学的最后一个环节，重在检测、巩固和提升学生的商务知识和英语运用能力。教师合理地设计测试任务是这一环节得以有效实施的关键环节。

第四节 商务英语写作教学实践

一、商务英语的写作原则和技巧

要想遵循一定的写作原则，写出一篇优秀又得体的商务信件，掌握必要的写作技巧是非常重要的。下面就来探讨商务英语写作中的原则和技巧。

（一）商务英语的写作原则

商务英语写作的原则应该遵循 4C 原则，即准确（Correctness）、清楚（Clarity）、礼貌（Courtesy）、简明（Conciseness）。

1. 准确原则

准确可以说是商务英语写作首要的和最重要的原则，因为商务文书中经常涉及合作双方的利益、责任，其可以作为双方权利和义务的书面凭证，故必须将相关信息准确地传达出来。商务文书中的单词拼写、句子结构、语法、标点以及用法等都要力求准确。如果由于语言上的歧义或不准确而造成误解甚至被对方钻空子，那么会带来严重的经济损失。因此，商务英语中经常使用专业术语，并且对于一些关键信息如地点、时间、品质、尺寸、颜色、单价以及发票、提单和信用证等数字号码都要仔细核对。

2. 清楚原则

所谓清楚，就是要清楚无误地将信息传递出来。商务文体有多种类型，每种文体都有一个明确的目的。因此，各种商务文体的写作应当主题突出、层次清楚、重点突出，且语言要通俗、浅显、易懂，避免使用歧义和模糊的语言。此外，由于商业文书中经常涉及经济利益和法律责任，因此其中所涉及的关键事项必须观点明确、交代清楚，不能含混不清，以免日后引起纠纷。

具体来说，为了使商务文体的写作清楚明了，在写作时要做到以下几点。

（1）一份文书应着重说明一件事，围绕一个明确的语意展开。

（2）展开思路应做到主题清晰明了，切忌含糊其辞。

（3）使用恰当的词语和句型，做到用词准确，句子简单明了。

（4）段落中要合理安排要点，确保每个句子和段落都能自然连贯。

人们要想表达清楚，需要在写作时格外注意选词，尤其要给出具体的事例或数据。例如，在写日期时要写出具体的日期；在报价时不能含糊其辞说

"市场价格"或"合理的价格",而应说出具体的数字、结算的货币和方式,并说明有无附加收费,还要避免使用"大约""左右"等不确切的词语;在请对方供货时不要用"大量""许多"一类的词语,而应说明具体的数量;在回复对方信函时应该说明所回复的是几月几号关于编号为多少的信函,而不能简单地说"来信收到"或"上月来信"等。

3. 礼貌原则

对他人的尊重和礼貌是人际交往的起码原则,商务英语写作自然也不例外,要做到行文礼貌、语言得体。首先,在语气和态度上要体现出诚意,以示对对方的重视和尊重。其次,在对待不同的客户时,在语言上不能有亲疏之分,应体现平等待人、平等处事的态度。当然,语言和行文上的礼貌并不是多说几句客套话就行的,更多地要在行文中体现出来。例如,"我们收到你的订单"这样的句子显得有点生硬,如果用"多谢您近期的订单"这类的句子替代会起到更好的沟通效果。此外,拖延回信或不复函也是不礼貌的行为,收到对方来函就应尽快给予答复。需要注意的是,商务英语写作做到礼貌并不代表对对方没有原则地忍让,语言在简单有礼貌的同时应真实得体、客观正确地对相关事项做出评价。

具体来说,要做到礼貌性原则,在商务英语写作中需要注意几个方面:(1)忌生硬的语气;(2)切忌指责的口气;(3)忌不平等语气;(4)尽量避免消极表达。

4. 简明原则

商务英语写作的目的往往很明确,即为了某项商务业务或解决某一问题。因此,商务英语的写作应当紧紧围绕写作目标,不要涉及无关的事情,以免冲淡主题。此外,要做到言简意赅、明确简明地提出问题或有针对性地解答问题,不要写大段的问候、寒暄语,更不能答非所问、绕弯子。简单明了的商务文书还能节省写信人和收信人的时间,使业务运行更加通畅,使问题得到及时解决,有效提高工作效率。总之,要在保证语意清楚的前提下尽量做到简明扼要,字数越少越好。可见,在商务英语写作中,在表意相同的情况下,更佳的表达方式一定是较为简洁的短语或词组。当然,这对写作者有一定的要求,需要其在平时积累相关词语及其词性和用法,以灵活适当地转换表达方式。

(二)商务英语的写作技巧

1. 语言手法

(1)比较(Comparing)可以使被比较对象之间特点突出、差异分明,有利于读者对事物的判断,进而做出正确决策。作为一种经常使用的语言手法,其表现形式无外乎以下几种：比较级和最高级（多少、大小或优劣之分），等比（对同等事物之间的无差别比较，如数量和质量上、程度与强度上的比较）以及其他形式的比较手段。

（2）举例（Example）主要是通过使用 for instance、such as、like 或者 or 等词或短语来进行列举，用来表述文章上下文关系。举例可以使抽象笼统的叙述具体化且更有说服力。

（3）对比（Contrast）也称反差或对照，是指故意把两个相反、相对的事物或同一事物相反、相对的两个方面放在一起，用比较的方法加以描述或说明。对比与上面所介绍的比较不同，运用对比能把善与恶、好与坏、美与丑这样的对立揭示出来，给人们以深刻的印象和启示。通过揭示这样的对立关系，以使人印象深刻并达到启示的目的。在英语商务文体写作中，往往需要在前后两个句子或一个句子的前后两部分表达不同或截然相反的意思。

（4）各种不同的条件（Condition）存在于商务活动中，只有对这些条件进行详细分析并做出判断和估计，才能有相应的决策或采取适当的行动，常见的条件形式有：表示普遍的情况、表示可能的情况、表示过去的假设情况等。

（5）因果关系（Cause and Effect）在商务英语写作中是一种很普遍的语言手法，尤其是在有关问题或事故的分析性英语商务报告中。因果关系可以帮助相关人员迅速而清楚地了解情况，以便及时采取恰当的措施。经常用来表示因果关系的短语和表达方式有 be caused by、due to、owing to、because of、result in、result from、be attributed（attributable）to、lead to 等。

（6）同类关系（Similar Things）。在商务英语写作中，如果能恰当使用表达同类关系的信号词，不仅能够帮助读者提高阅读效率，而且能使商务英语本身通顺流畅。用来表达同类关系的词有：also、as well as、furthermore、moreover、in addition、in addition to、similarly、besides 等。

（7）先后顺序关系（Sequence）也是商务英语写作中的一种重要的叙事方法，常常用于叙述经过、程序、原因、种类、措施、结论和建议等。这种先后顺序关系可能是时间上的、地理上的或事情发生的过程。在描述这种关系时，作者通常需要借助用来描述这种关系的词和短语，这类词和短语主要有 last、before、after、another、next、afterwards、later on、finally、preceded by、followed by 等。此外还可用基数 one、two、three 等或阿拉伯数字等。

（8）总结概括（Summarizing）。在商务英语写作中，为了使读者快速抓住要点，就需要把所要叙述的事情讲清楚，这就需要作者对一件事情、一个段落或一份文件的内容做出总结或概括。常用来表达总结归纳的词和短语有 briefly、in brief、in summary、in a word、in short、in conclusion、to summarize、 to slim up、to conclude 等。

2. 具体技巧

（1）词汇方面的写作技巧

第一，避免使用累赘重复的词汇。在商务英语写作中，要避免使用累赘或重复的词汇，这不仅会浪费读者的时间，还可能会引起读者的反感。例如，free gift 中，gift 本身就是免费的，无须再加 free。

第二，使用简单的词汇。如果一封商务信件既晦涩难懂又错综复杂，对方就很难理解信件说的是什么，同时也浪费了对方的时间，这就可能会失去一次合作机会。因此，在写英语商务文书时，应尽量多用简单的词汇，只要能达到应有的交流效果即可。

第三，避免使用含有性别歧视的词汇。在现代社会中，随着女性地位的不断提升，越来越多的女性对含有性别歧视意味的字眼十分敏感。与此同时，在商务领域中女性所起的作用也越来越重要，因此在商务英语写作中人们也要充分认识到这一点，尽量避免使用那些带有性别歧视的词语，以免因为一个细节而导致商务活动的失败。

（2）句子层面的写作技巧

第一，在商务英语写作中应尽量避免使用过长的句子，多使用简短句。长句子让读者读起来非常吃力。相比之下，短句则意思更为清晰，也符合商务英语的写作风格。我们强调写作中应当多用短句，并不意味着一味追求短小的简单句。

第二，多用主动语态。当句子的主语为动作的执行者时，谓语的形式称为主动语态；当句子的主语为动作的承受者时，谓语的形式称为被动语态。在商务英语写作中，应当多使用主动语态，以使商务信件的风格直接有力，句子的结构简洁明了。

第三，段落层面的写作技巧。

首先，开头即表明写作目的。在英语商务文体写作中，首段就应该切入正题，以迅速地引起读者的兴趣。一般来说，用一句话或一个段落就能表达出商务写作的目的。读者只要看完第一句或第一段，便可以知道作者的写作目的。

其次，使用小段落。在商务英语写作中，可以将某一商务主题分为几个小话题，然后每个小话题都用一个段落来阐述，并保持每个段落短小精悍，这是商务写作的原则之一。使用小的段落可以帮助读者阅读，使读者把握所读材料的主要内容。如果将几个小话题用一大段进行阐述，会花费读者大量的时间来理解写作内容，这不符合现代商务英语的写作要求。

再次，尽量缩短或删除寒暄和不切题的段落。商务写作不同于日常写作，有其特定的文体要求。要避繁就简，开门见山地表明写作目的。

最后，避免结尾画蛇添足。商务写作的结尾同开头一样重要，结尾的成功与否可能影响整篇写作的效果。在结束之前，想好要说的话，一次说清楚，无须再三重复。

总之，商务写作应直截了当，尤其是信件的结尾切忌拐弯抹角。

(3) 始终以读者为中心

商务英语写作的主要目的是通过信息的传达实现预期的沟通效果，从而有针对性地解决问题。商务英语写作不仅关心读者是否明白了内容，而且关心读者看了信件后是什么反应。因此，在商务英语写作中要更多以读者为中心，站在读者的立场而不是从自己的角度出发考虑问题。以读者为中心需要做到以下三个方面。

第一，强调读者的利益。读者在读商务信件时，他们获取信息的最终目的是了解他们将会得到什么样的利益以及这种利益是否满足他们的需求。因此，写作者应当首先强调读者的利益，时刻考虑对方的需求。如果不充分显示出对对方需求和利益的重视，对方可能不会感兴趣。具体来说，在写作时应当淡化we 而强调 you，即采用"对方态度"。

第二，提供完整的信息。由于背景知识与思维习惯不同，很多时候对作者来说是很清楚明了的问题对读者来说却未必如此。因此在商务英语写作时应尽力提供完整的信息，以免影响沟通效果。

第三，使用非人称报道。一般来说，非人称的手法（Impersonal Reporting）比第一人称显得正式且客观，没有强加于读者的感觉，因此在商务英语写作中经常使用。

(4) 风格自然、口语化

商务英语文体有其自身的语言特点，即自然、流畅，如同面对面的口头交谈。这种写作的优势在于能使读者见信如见人，富有亲和力，符合人性化商务发展的趋势。当然，提倡在现代商务英语写作中采用自然、口语化的风格并不意味着要使用俚语或习语。商务英语写作者应像避开商务陈词滥调及商业行话那样来避免使用俚语、习语。俚语和习语只适用于某些非正式社交场合，但在大多数商务沟通中，尤其是书面沟通中不宜使用。因为有时俚语和习语会产生某种负面效应，甚至会冒犯对方，成为商务陈词滥调。过于口语化容易令人费解，不妥；反之表达清楚明晰则符合现代商务的写作规律。

(5) 巧用分类

商务英语写作中常使用分类的方法。有时候需要根据收集的材料进行分类，有时候需要根据分类表进行详细的文字叙述。因此学会准确分类的技能对写作而言十分重要。

（6）区分事实与观点

总体来说，商务英语写作的目的可以分为两大类：提供信息和劝说对方。以提供信息为主要目的的商务英语写作内容主要为客观事实；而以劝说为主要目的的商务英语写作则必须区分事实与观点。观点应以事实为基础，而事实必须准确无误，不能脱离观点，只有这样才能更有效地说服对方，取得良好的沟通效果。

（7）处理好整体与部分的关系

在商务英语写作中，经常会涉及某一企业、机构或事件的整体与部分之间的关系，这需要写作者熟练地运用各种语言表达手法与写作技巧把这种关系阐述清楚。具体来说，整体与部分的关系通常有以下几种表现形式：阶梯式结构、主要和次要结构、额外部分。

（8）注意衔接和连贯性

一般来说，商务英语写作主要通过两种方式实现句子与段落的组合、衔接。一种方式是通过语法手段，即运用连词、代词以及词汇等将句子连接在一起，从而实现段落的紧凑、连贯；另一种方式是创造一个合乎逻辑的论点或顺序，以保证语篇的逻辑连贯性，从而使读者能够一目了然。有时仔细阅读某些段落可以发现，各句的意义存在关联，但各句之间缺乏必要的衔接手段，这会使得整个段落显得松散、毫无逻辑性可言。因此，应使用一些衔接手段，对这种段落进行改写。

二、基于 POA 的商务英语写作教学研究

商务英语写作教学中应用产出导向法有助于学生参与积极性的提升，帮助学生克服畏难情绪，在学习任务的引导下，学生可以将英语语言知识和商务应用有机结合起来，锻炼学生的语言应用能力。

（一）课前导入环节

在本阶段，教师可以通过播放视频资料的方式构建一个涉及商务英语应用的学习情境，基于该情境搭建一个具体的课业项目，让学生通过提问和讨论的方式对该情境下所涉及的商务英语背景知识以及交际要素进行了解掌握，并在后续的课堂环节中自主完成项目，实现理论与实践的有效融合。在进行教学项目设计的过程中，教师必须要秉持循序渐进的原则，并依据职业生涯的发展规律，尽可能地贴合社会现实、学生专业及其日常生活。

(二)输出驱动环节

在本环节,教师首先需要让学生对课业任务具备一个清楚的认知,具体是通过项目学习了解最终要完成的任务以及任务完成过程中所要达到的知识、能力、素质等方面的目标,使学生能够在项目任务的驱动之下开展学习活动,使学习更具指向性和目的性。对于商务英语写作课程,教学目标一般设定为掌握书面用语、陈述要求、提出异议等交际技能,产出任务为写一封回复咨询问题的商务信函。教师可以通过引入案例分析让学生通过讨论的方式激发自身的知识储备,为后续的学习环节做好铺垫。

(三)输入促成环节

在所有学生通过项目学习了解产出任务和需要达成的目标之后,教师还需要对产出任务的评价标准进行明确,具体分为两方面:一是任务完成情况,二是语言水平,包括语言规范性、准确性、多样性、文体适切性等。之后教师就要引导学生开展选择性学习,教师可以将课前搜集到的商务英语范文提供给学生,学生进行输入阅读,分析提取范文的体例、术语、句型等信息,进行选择性的学习。除此之外,教师还可以启发学生根据项目任务要求,通过信息网络进行信息资料的获取,在广泛阅读的过程中积累所需的商务英语语言材料,并迁移到写作之中。在最后的实践操作环节,可以采用小组学习的方式,学生在完成写作之后先在小组之内与其他组员进行讨论分析,并做出修改,最后以合作方式完成项目。而在此期间,教师则要对各小组的项目进程进行跟踪把握,针对学生遇到的问题给出适当的指导。

(四)多元评价与反馈

在学生完成任务产出之后教师就需要开展评价活动,对学生项目完成的效果做出评定,指出其中存在的问题,引导学生总结经验并加以改进。为了保证评价效果,应建构多元化评价体系。首先,以小组为单位,组员之间进行评价,在筛选出优秀的作品之后,再由教师进行评价,面向所有学生进行文章的分析讲解。此外,还应将即时评价和延时评价相结合,在课堂上指出学生作文存在的问题之后,学生在课后要进行针对性的改进,并再次进行评价。课外写作在资料查询方面更加方便,也拥有充足的时间可以进行多次修改,能够取得更加显著的锻炼效果。在新媒体时代,师生之间可以通过微信、QQ等工具进行相互交流沟通,提高反馈的及时性,实现课堂教学成果的巩固和提升。

三、"互联网+"模式下的商务英语写作教学

(一)写前储备知识

课前知识的储备主要包括相关的商务知识、商务条款、法规、企业资讯、商务英语写作范例以及最新的商务词汇,务求新鲜、务实、紧跟时代。这个环节可以由以下多种方式达成。

1. 利用网络资源

教师搜寻商务英语写作该项目的相关资料,提供网络资料库资源供学生学习参考。相关资源网站有:网易公开课、好大学在线、学堂在线、慕课网、MOOC 学院、淘课网等网站,这样可以减轻教师的工作量,也可以吸引学生的兴趣。

2. 微课制作

在网站上找不到合适的教学资源时,教师就要针对该项目的主题精心设计微课视频。这种方式的优点在于更切合学生的实际,并能加入时事热点,吸引学生兴趣,补充热点词汇。

3. 学生自主学习

"互联网+"模式下的"90 后"学生从小接触电脑、智能手机及网络,具有学习优势,教师可以在课前把教学任务项目化、把学生小组化,让学生根据项目内容制作相应课件,提供相应题材的小视频,然后进行展示。在这个过程中学生参与度较高,在准备过程中学生就是在学习真实的商务活动、语言材料。反之,网络的交流为学生提供了真实自然的交际情景,刺激他们用英语进行文字、口头交际的愿望,从而活学活用。比如在投诉信的教学中,学生创设工作情景,模拟双十一网购出现质量问题进行的投诉、索赔、理赔等一系列工作,提供了相应的商务信函。写前的知识储备既要有词汇、写作格式、写作技巧、写作特点的积累,又要有相关的语言知识、沟通知识以及文化知识。互联网为学生提供了真实的职场环境,教学内容接近真实语境,而且不受学时限制,学生可以反复观看,层次较差的学生可以较好地掌握理论知识。这不仅提高了教学效率,而且优化了教学效果。

(二)写作中自主移动学习与小组协作相结合

1. 创设职场环境

模拟职场环境是连接知识与实践最行之有效的方法。学生在写作过程中进入角色,模拟商务流程,模拟企业的商务活动,进行仿真训练,加深了知识的

运用。通过实践深入了解及熟练各个商务环节，使学生毕业后能零距离适应工作。

2. 利用电脑、互联网、移动设备进行自主移动学习

学生利用英语写作辅助软件如"易改英语写作辅助软件""英语作文批改软件"等对自己的作品进行反复的提交、修改、反馈。这两个软件能对英语文章进行拼写的校正，检查语法，还可以为文章润色，对于提高写作质量有很大的帮助。学生展示出来的作品是比较成熟和完善的，这也有利于学生克服写作焦虑、体验成功，从而增强学习信心，促使学生爱上写作。

3. 小组协助

写作软件可以对学生习作的语法、拼写进行检查甚至修改，但是无法对习作的格式、特点进行反馈。这个时候，小组协助的作用就体现出来。学生可以在动笔之前，也可以在动笔之后，甚至是在写作的过程中进行讨论，也可以对各自的习作进行交流、探讨。这个过程可以是面对面的，也可以通过互联网，通过多种网络沟通平台展开。小组协助的过程对提高小组成员的写作能力是非常有效的一种方式，而且培养和发展了学生的团队协助精神。

（三）写后师生互动

1. 课堂讲评、内化知识

在学生的习作完成之后，就进入了课堂教学、师生互动环节。各组代表用多媒体手段展示各组作品，进行提问和讨论，并综合评价，反馈各组的表现、长处和不足。教师通过学生小组协作反馈的意见对学生的习作进行展示、纠错演示、交流探讨、评价，并传授新知识（技能），对学生普遍存在的知识点或技能点进行讲解、梳理。学生通过前两轮准备已经心里有底，在这个过程当中学会独立思考，成为知识的"发现者"，并为自己的"发现"而满足，产生自豪感，发挥更大的主观能动性。

通过教师的点评、讲解，学生理清所学知识的要点、层次、语言、文体等，把其内化成自己的知识体系，准确把握职场工作要点，拓展相关商务知识，提高写作能力。

2. 课后实践、拓展知识

教师把学生的成功习作上传到学生群，让学生课后交流学习。布置拓展任务，以项目小组化形式，让学生通过互联网和移动终端自主学习，拓展同一主题相关知识。学生经过一轮的写作操练、修改逐渐拓展了思维能力、工作能力，提高了各种职场工作水平，而且有助于培养学生的自主自觉学习习惯。

在整个教学过程中，教师不再起主导作用，而是组织者、指导者、促进者

和帮助者以及监督者。教师要注意加强对学生自主学习的监控,避免学生出现自制力差、沉迷于网络的情况,要建立有效的评价机制。

在"以学生为中心"的"互联网+"教学模式中,学生成为教学过程的主体。学生的学习不再局限于课本的内容,学生不再是单纯的学生,而是融入工作内容的准职场工作人员,网络媒体为学生创设了一个工作场景,使其提前适应职场,这成为学生主动学习探索的手段。

"互联网+"充分发挥互联网在社会资源配置中的优化和集成作用,不仅将互联网的创新成果深度融合于经济、社会领域之中,提升了社会有形的创新力和生产力,而且在教育领域提升了无形的创造力。"互联网+"已经改造影响了多个行业,教育业也是其中很重要的一部分。在教学中,教师应针对商务英语写作的教学特点,充分利用多媒体技术开拓创新,积极实践翻转课堂,通过创设全方位的工作场景,避免抽象性和枯燥性,充分发挥学生的学习主导作用。教无定法,商务英语写作的教学模式还有很多种,在教学中应灵活运用,充分发挥学生的主体作用,调动学生的学习积极性和主动性,提高学生的学习能力及实践能力,让学生能零距离接触工作任务。

第六章　商务英语人才培养概述

不管社会经济如何发展，无论外部环境如何变化，高校都必须立足人才培养这一理念不动摇，围绕人才培养这个中心不动摇，将其作为高校生存和不断发展的基石，作为推动我国高等教育人才培养的主旨目标。本章主要论述了商务英语人才的培养。

第一节　人才培养的基础知识

人才培养是高等学校最根本的任务，能否培养出尖端创新人才是衡量一所大学教学水准的重要标志。创新人才是具有创新思维、创新精神、创新人格与创新能力的专门人才，尖端创新人才更是高素质人才中的佼佼者，是我国人才队伍中的核心和骨干力量，是各条战线上的先驱者。传统的教育教学模式存在众多弊端，因此往往难以胜任培养尖端创新人才的重任，这个难题是我国高等教育发展过程中必然要正视的。在建设创新型国家的发展战略这一大背景下，社会各界对高校的拔尖创新人才培养表现出更为强烈的期待，特别是高水平研究型大学，面对此情形，高校尤其是本科教育有责任对此做出回应。

在高等教育大众化阶段，国内高等学府的精英教育理念是走分类办学的道路，是由一定数量的研究型大学坚持科研育人、以学生为中心、全面育人的思路，培养研究型、创造型、高素质、多样化、高层次的精英人才。

一、人才培养的目标

大学生是国家未来的希望，他们如何成长、能否成才以及成为何种人才至关重要。因此，整个国家和社会高度重视大学生的全面成长成才。当前，对高校而言，在这一目标的实现过程中面临一些新情况，社会多元化、经济全球化的时代特质要求我们培养更多的综合型人才，即具备一定的创新能力、完善的知识结构、过硬的文化素质、较高的政治素养、良好的道德品质和身体素质及较强的社会适应能力。具体来说，一方面，要求大学生成为人才强国和科教兴国的主力军，具有高度的爱国心和社会责任感。另一方面，大学生要尽可能地根据自身兴趣爱好充分发挥自己的潜能，在多样化的发展模式下选择成长道路，这是新时代增强大学生的自主意识的必经之路。

二、人才培养的途径

（一）教书育人

"人类灵魂的工程师""太阳底下最光辉的事业"是人们最常用来赞誉教师的词语，可见在青年学生成长中教师起着极其重要的作用。教书育人的含义是学校教师不仅要向学生传授各类科学知识，还要自觉地对学生进行思想政治和道德品质教育，要把育人的工作贯穿教育教学的全过程，因为教学过程是学生获取知识的基本途径，也是学生在校期间参与最多的活动，不断探索如何把育人作用落实到自己所教授的课程中也是教师应尽的责任。

（二）管理育人

在人才培养过程中一所学校的学风和校风之所以能够发挥巨大作用，正是因为每个学校都有一套相应的教育管理制度作为坚强的后盾。在我国高等教育走向信息化、大众化、国际化的时代背景下，原来采用的注重单一模式、群体化的专业教育已难以适应市场经济发展对人才个性化、多样化的要求，教育体制改革势在必行。现在"以人为本"的办学理念在高校普遍推行，都注重构建"专家治校、教授治校、学者治校"的管理模式，校园信息化、校务公开化突出管理人性化，关心学生的成长，保护学生和教师的合法权益在所有制度和管理上均有体现。

（三）服务育人

学校对广大学生的培养在服务、帮助的过程中和教育引导和管理方面均有体现。例如，为增强学校行政机关工作人员的责任意识和服务意识，在机关推行"首问负责制",坚决杜绝"事难办、脸难看,话难听、门难进"的现象。又如通过开展"优质服务"活动,后勤职工用他们辛勤的付出建设整洁明亮的教室、环境优美的校园、色香味美的食品,关心学生,热心为学生服务等,这些都是一种无声的教育。

(四)课外文化活动育人

大学校园是一个特定的社会环境,人文气息和学术氛围是其特有的,这就要充分发挥第二课堂的作用。学校要积极利用各种契机,结合学生的学习状况和思想实际、学习热情和成才意识,激发学生的爱国热情、唱响爱国主义主旋律,引导学生走健康成才的道路。例如,举行学术科技节,健美操、武术、各种棋类球类俱乐部等课外文化体育活动,开展文化艺术节,组织开展科技、卫生、文化"三下乡"实践活动等,这不仅能够使学生在各项活动中接受教育,增强体魄,锻炼才干,而且使学生的校园生活充满乐趣,有利于学生形成高雅的审美情趣、乐观向上的性格、良好的人际关系及团队合作精神,这些是学生形成健全人格必不可少的培养环节。

(五)依托校园舆论育人

校报、校园网络、广播电台、黑板报、宣传栏等校园舆论阵地是引导校园文化健康文明发展的重要窗口,这些宣传舆论阵地既要牢牢把握正确的政治方向,又要结合当代学生的特点加强自身建设,以保证宣传力度。例如,随着高速发展的现代信息网络技术的日益普及,人类进入了信息时代。对于"网上一族"的青年学生,由于他们还没有形成最终的世界观、人生观、价值观,仍然有着好新、好奇、好学的特性,容易沉湎于"网络世界",他们容易受到很大的负面影响。因此,学校要针对学生的特点开拓网上校园文化建设阵地,建立科学的、吸引人的、匹配网络时代的校园文化,用健康的网站吸引学生,创建完整的网络教育新模式,通过丰富的内容来引导学生,以情暖人,以理服人,帮难解困,真正做到贴近师生、贴近生活、贴近时代,营造出良好、科学的校园网络文化氛围。

第二节 商务英语人才需求和供给的现状

一、商务英语人才需求现状

随着经济全球化进程的进一步加剧，国际商务活动开展得日益频繁，这就给国际商务从业人员提出了更高的挑战。对于外企，它们需要的是商务语言应用能力强并且对外贸的各流程都非常熟悉的员工，同时，这些人还应该具有极强的竞争力。

（一）良好的口语交际能力

要想顺利开展国际商务工作，人们就需要具备较好的口语交际能力，因为在具体的工作环节需要工作人员做出现场翻译。随着我国经济的发展，商业的形式也变得更为复杂，并且业务范围与之前也不可同日而语，其不仅涵盖金融、管理、物流等领域，还有些业务会涉及知识产权领域。所以，现在的很多企业在招聘的时候不仅会考察员工的口语能力，还会考察他们所掌握的知识是否足够广博。

在具体的商务实践领域，商务活动并不是静止不动的，也不是有剧本可以遵循的，往往会由于客户种类以及业务的不同，而使得商务活动拥有了极大的不确定性，所以这就要求从业人员应该拥有随机应变的能力。在商务交际的过程中，业务人员运用口语的能力其实也能从侧面反映他们分析商务问题的能力，只有做到学以致用，才说明他们真正拥有了处理问题的能力。

（二）扎实的专业知识水平

企业需要拥有过硬专业技术的人才，在对外贸易领域，对高素质商务人才的需求还是较高的。他们不仅需要掌握一些基础的国际贸易知识，同时还应该逐步扩大自己的知识面，深入了解商品的相关知识，同时还应该具备一定的管理能力以及跨文化交际能力。

（三）较强的文字处理能力

较强的文字功底也是人们在工作中所必需的，在翻译外文文献时，如果拥有较强的英文功底，那么显然可以大幅提高自己的工作效率。在很多时候，外贸人员也需要给客户提供一些翔实的文字说明，如果他们的写作能力很强，显然工作起来就会更为得心应手。从本质上而言，商务英语是一种实用文体，在合同的拟定、单证的填写或者是产品说明的翻译过程中，都离不开较强的英文处理能力，在未来的商务英语活动中，文字的处理能力显然是更为重要的。

（四）良好的团队合作与沟通能力

在一个企业里，积极的团队精神能提高团队的凝聚力，并让大家的劲往一处使，在企业的各种团队精神中，团结奋斗是其中的核心组成部分，只有每个员工都发挥团队精神，才能推动企业向着更好的方向发展。在团队精神的指引下，员工们会统一思想认识，找到自己的定位，在此基础上，企业的各项任务才会得到有效解决，在整个的团队中，每个人都需要向优秀员工看齐，这样员工之间会相互感染，从而起到较好的正向促进作用，从而提高整个团队的凝聚力。

良好的沟通能力是工作中所必需的，在一种良好的沟通氛围下，员工可以就有分歧的地方展开讨论，在这个过程中，他们会达成共识，从而推动企业整体目标的达成。在某个企业中，不同的部门之间也应该畅通沟通的渠道，与此同时，他们还应该重视与合作伙伴之间的沟通。

在涉外活动中，我们所面临的客户是各种各样的，他们有各自不同的文化背景，并且不同文化背景下的人们所拥有的价值观不同，这会反映到他们的行为以及思维上，如果我们不了解对方的文化，往往就会引起文化冲突，从而导致交际失败。可以看出，跨文化交际在国际商务活动中扮演着重要角色，拥有较强的跨文化沟通能力不仅可以避免文化冲突，还能更快地拉近彼此的关系。

（五）开拓能力

在国际贸易活动中，商务人员的市场开拓能力是一种较高层次的能力，在当今的时代下，人们每天都面临着很多信息，并且竞争也是日益加剧的，在当前的时代背景下开拓更多的客户、提高自己的市场占有率显然是众多企业的目标。

企业要想获得发展，就需要拥有更多的勇于开拓市场的精英人才。加强自己的技能、改善自己的知识结构、提高自己的产品质量以及服务等都是开拓市场的基础。同时，企业还应该重视创新的作用，多开发新的产品，只有这样才能迎合市场的发展需求，从而提高自己的业务收入。

员工向外开拓业务的过程实际上就是在为公司创造价值的过程。创新所涵盖的范围是非常广的，不仅包括新的思想以及新的发明，同时还应该涵盖新产品的设计以及新的营销策略的制订等。在技术创新的不断推动下，生产的效率可以得到快速提高，同时也会降低生产的成本；在体制创新的不断推动下，企业的运行会更为有秩序，并且管理过程也更为高效；在思想创新的推动下，领导者的新思维可以让企业沿着正确的方向发展，这样就可以逐步提高企业的凝聚力，从而给企业带来更大的效益。

所以，企业的员工也应该拥有创新的能力，要想提高自身的创新能力，他们可以通过学习新技能、接触新事物等策略展开，在学习型氛围中，企业的员工显然会拥有较强的开拓能力，这样才能在复杂的经济环境中立于不败之地。

二、商务英语人才供给现状

当前，我国的商务英语教学已经初具规模，但是在不同的学校，学生的生源以及师资等还存在差距，有些商务英语专业的毕业生在社会上并没有得到认可，这也在一定程度上反映出了毕业生能力的缺陷。

（一）口语表达能力和沟通能力不理想

当学生刚入职的时候，他们往往无法顺利地接听外国人的电话，故而让他们通过电话去谈客户是存在难度的，并且在国际展会中，他们也无法有效宣传自己的企业。在展示产品技能的时候，很多学生无法从专业的角度将产品的功能全面地展示出来，当客户发出质疑的时候，大部分人也往往会感觉束手无策。

很多企业除了希望学生能用英语进行沟通以外，还希望他们利用非言语交流的形式去辅助自己的交流；企业还希望学生拥有组织、主持国际会议的能力，同时，学生还应该能用英语准确阐释自己的观点，这样才能促进合作意向的达成。

（二）缺乏实践经验

或许很多学生展示出了一定的外贸知识，但是他们所掌握的知识仅仅是书本上的知识，并不能运用到实践中，所以，用人单位也希望学生拥有较强的实践能力。

（三）缺乏大局观念，就业务谈业务

很多刚入职的外贸人员对于外贸并没有自己独到的见解，有些人无法清晰地预测行业的发展趋势，普遍存在就事论事的情况，缺乏前瞻性思维。在当前背景下，不同厂家所生产的产品大部分都是大同小异的，由于信息越来越透明,所以,不同竞争者之间的差距也越来越小。对于外贸人员来说,就应该拥有大局意识,积极研究国内外的经济政策,从而更好地了解市场,进而更好地把握市场。

(四)缺乏市场开拓能力

在当前背景下,外贸人员开拓产品上下游市场的能力对企业的业务发展有非常重要的影响。对于出口业务来说,企业所缺乏的往往是对上下游企业的管理能力,这也是导致质量问题频出的重要原因。除此之外,我国企业的新产品在打入国外市场的时候,并没有获得足够多的国外用户的青睐,狭窄的客户销售渠道也是制约我国出口企业发展的重要原因。

所以,很多企业都对从业人员抱有极大的期待,希望他们拥有极强的市场开拓能力。但是囿于传统的内外贸分离的体制,很多外贸企业并没有意识到建立内销渠道的重要性,他们将更多的精力放在了供应链的管理上,然而,随着我国内需的扩大,更多的业务为我国外贸的发展提供了新机遇,只有从业人员拥有开拓市场的能力,企业才能在竞争中立于不败之地。

第三节 商务英语人才培养的目标定位

一、应用型人才

高校的分类为人才定位提供了参照,通过高校的分类指导办学定位,不仅能规范高校自身的管理行为,还能及时纠正办学过程中出现的失误,这样就能逐步提高教育的效率。对于商务英语专业的学生来说,他们应该明确自己高校的类型以及职责,只有这样才能明确自己的奋斗方向。

在当前的形势下,我国的经济获得了高速发展,更多的企业完成了从劳动密集型到高科技型的转变,这就要求各高校应该培养出一大批具有实际解决能力的应用型人才。由于市场开放化程度的日益提高,人们开办企业并不是一件难事,所以,我国有为数众多的中小企业,这些企业之间的竞争力很大,商务英语专业需要摆脱传统本科教育的培养模式,转而注重应用型人才的培养,逐步提高学生的英语基本功、国际化视野,同时还应该提高他们的文化素养以及跨文化交际能力。

二、具有特色的复合型人才

(一) 复合——英语专业的出路

复合型人才指的是拥有多种专业知识背景，从而能够在工作的时候不会因学科不同而限制自身的发展的人才。高校在开展教育的时候不仅需要遵循自身的发展逻辑，还应该分析外部不断变化的社会环境。

最初，我国并没有开设商务英语专业，很多高校都开设了英语语言文学专业，但是这个专业毕业的学生无法适应工作的需求，这种"不适应"促使我们不断调整英语人才的培养目标，从而使培养出来的人才和工作的需要相适应。

把商务与英语语言结合起来是有好处的，这不仅有利于新型人才的培养，而且还能推动商务和英语这两种活动领域的未来发展，在未来的产业结构中，英语将会进一步推动经济的发展。

从本质上来说，国际商务活动属于语言交际活动，其为外国语言的研究提供了基础。随着经济全球化的进一步发展，我国的经济展现出极强的外向度，在此种客观条件的推动下，我国的英语教学必将呈现"复合化"的态势，在与国际贸易等学科的结合下，商务英语学科也得到了逐步发展。

(二) 特色——适应市场的选择

当前，我国高等教育面临前所未有的发展契机，但国际人才大竞争、全球经济大开放、高新科技大发展、知识经济大崛起、多元文化大汇合以及经济体制大转轨的环境也对现代大学的发展提出了严峻的挑战。基于高等教育发展背景及当前我国大学办学现状的分析，形成办学特色成为大学办学的必然选择。

在当今时代背景下，企业需要的是复合型的人才，但我们并不能将复合型看作人才的特色。所谓的特色，指的是事物所表现出来的独特风格以及色彩等，特色专业是高校在一定的办学思想的指导下所形成的具有自身个性风貌的专业。特色专业应当是指其专业办学条件、建设水平、教学管理、教学改革成果和人才培养质量等在国内外达到一流水平或者在国内外具有影响和知名度的专业，具有人无我有、人有我优、人优我新等特征。

在确定复合型商务人才的目标时，我们还需要注意的是学生的语言能力与哪些具体的商务知识和商务能力相结合、如何满足社会的"复合"要求、英语语言课程需要与哪种商务类课程相结合、两种学科各自的课程比例应该如何确定、商务类课程与语言类课程将以何种形式进行有机融合等问题。我们还应该考虑由于目标过于分散而致使两种能力都不能达到预期目标的可能。这些问题和担忧的解决过程实际上就是专业特色的形成过程。

我们可以将商务英语专业看作商务与语言的结合。商务英语专业与英语专业显然有明显的不同。在当今时代下，社会更加需要的是复合型人才，所以，单纯地将商务以及英语结合起来并不能满足新时代的需求。

通过分析英语学科的下属学科，我们可以看出既没有英语语言，也没有商务学科，所以，单纯地学习英语的学生并不能满足社会对人才的需求。对一些管理类或者经济类的学科来说，他们在培养人才的时候也制定了各类相应的培养目标，并把复合型人才的培养放在很高的位置，因为对于普通企业来说，在招聘的时候，他们并不会特别在意学生的专业，而更看重人才的质量。

在社会发展的推动下，商务英语学科得到了进一步发展，并且培养出来的人才也更适合社会的需求，在此种形势下，开办商务英语专业的学校也越来越多。对各高校而言，它们也会抢夺优秀的学生，只有将自己的学科建设好，拥有更好的师资力量以及更完善的教学条件，学生才会选择到这所高校就读，如果没有自己的特色，那么就无法吸引优秀学生的目光。要想保持自己的特色，高校就应该拥有竞争意识，让自己的专业更具特色。

从生态学的角度出发，我们可以将大学或者专业等看作生物组织体的一种，它们都符合生态位原理：其一，某个大学或者某个专业的组成要素都是物质以及精神要素；其二，大学里有很多学生，他们遵循一定的生命轨迹，并且拥有生物性能。

与其他的生物体一样，大学拥有自己的"生态位"基础，我们可以从校风校训、师资水平、专业建设、科研方向、校规校纪等方面对其生态特征展开分析。在生态位理论下，如果两所学校之间的生态位差异比较大，那么，二者之间就不会存在特别大的竞争；但是，如果两所学校的生态位基本没有差异，显然，这两所学校就拥有极强的竞争关系，在竞争的过程中，如果一所学校展示出了比较强的竞争力，那么，另一所学校未来的发展并不乐观，它们或者奋起直追，或者再去寻求一些具有差异化的市场以获得新的发展，但是这显然都不容易。所以，如果两所学校之间的生态位差异比较小，它们就可以通过生态位分离的方式来降低竞争的强度。

社会对商务英语专业人才的综合素养寄予了厚望，企业的招聘人员希望从校园里走出来的学生既能满足社会经济的需求，还应该具有极强的社会适应性。

商务英语并不像字面上一样简单，其具有非常丰富的内涵，而且在当前的各高校中，它们的培养目标并不能满足职业发展的需求，这对于各高校而言，既是一种挑战，也是一种机遇。在培养商务英语特色人才的时候，各院校应该立足于职业需求，将自己的培养目标尽可能地往这个方向靠拢。对于各高校商务英语专业的负责人来说，他们既应该立足于本校的现状，将自己的长处发挥出来，同时还应该重视自己的不足，强化补短板的能力，只有这样，才能逐步形成自己的特色，并且拥有一定的竞争优势，从而让学校获得进一步发展。

三、国际化人才

国际化人才是指具有国际化意识和胸怀以及国际一流的知识结构，视野和能力达到国际化水准，在全球化竞争中善于把握机遇和争取主动的高层次人才，或者是指那些通晓专业国际惯例，能够熟练使用外语，具有较强的不同文化适应能力，具备国际视野，通过接受一定程度的专业教育，获得专门技能知识和资格的专业人才。

在全国范围内的各种专业中，商务英语专业显然最具有国际化，其人才培养的目标展示出我国人才培养国际化的目标，这说明，在国际化方面，商务英语专业已经占据领先地位。

与普通大学生相比，商务英语专业的毕业生展示出更强的国际化能力，他们不仅掌握了一些基础性能力，还拥有一定的语言优势，显然，他们更能适应经济全球化背景下的发展。

（一）商务英语人才国际化的重要性

在当今时代，经济获得了快速发展，国际贸易的进一步开展也为我国经济的发展做出了很大贡献，所以，我们应该重视国际化人才的培养。

我们设置商务英语专业的目的就是为了让这些学生成为贸易领域的主力军，他们未来的工作内容以及环境等都决定了他们的国际化属性。人才培养非常重要，我们可以从以下几个方面进行分析。

1. 决策层面

在当前的背景下，科学技术的不断进步使国际商务的环境变得更为复杂，这就需要商务人员具有战略目光，只有明确彼此的优势与劣势，才能在竞争中立于不败之地。商务人员应该具有国际化的视野，只有站在全球的高度，才能以前瞻性的眼光去观察问题，从而制订合理的策略，实现商务目的。

2. 操作层面

在具体的操作过程中，必须遵守相关的国际贸易规则。在加入WTO后，我们在开展对外贸易的时候也应该遵守各种规则。对于国际商务从业人员，明确基本的贸易规则是其必备的基础，只有如此，双方才能顺利开展业务，从而维护自身的利益。但是，在实际的商贸活动中，实际情况层出不穷，各种规则并无法约束人们的所有行为，所以，外贸人员应该根据具体的情况进行灵活处理。

3. 交际层面

从本质上来说，国际商务活动属于跨文化交际的一种，在具体的交际过程中，人们的思维往往会受到本民族文化的影响，这就是民族中心意识的一种外在反映。由于民族中心意识的存在，人们商务交际活动的开展并不顺利，所以，在具体的教学中，应该将跨文化交际的相关知识融入教学中，帮助学生克服民族中心意识，从而降低跨文化交际障碍。对于国际化人才而言，跨文化交际能力是必需的。

（二）国际化商务英语人才的构成要素

在培养国际化人才的过程中，教师应该重视以下三个方面。

1. 国际化意识

国际化意识所涵盖的范围比较广，包括和平发展意识、国际理解意识、相互依存意识以及国际正义意识等。国际化人才必须拥有广阔的视野，要对不同的文化有深入的理解，只有如此，才能做到切实尊重他国文化，从而促进交际活动的开展。

2. 国际化知识

商务英语专业的学生不仅需要掌握英语语言知识、一定的商务知识，还需要对国际时事以及某国的国际地位等有一定的了解，这样就可以大致了解该国的发展，从而能够对其发展趋势等做出一定的预测。除此之外，学生还应该了解一定的地理知识，只有这样才能帮助他们顺利走出国门、走向世界，更好地融入其他国家人们的生活中。

3. 国际化能力

国际化能力所涵盖的内容是非常多样并全面的，学生不仅需要拥有一定的竞争力、信息处理能力、跨文化交际能力、创新能力，还需要具备一定的抗挫折能力以及学习能力等。未来的国际化商务人才应该以国际化思维思考问题，并且在具体的交流过程中逐步提高自己的各项能力，只有不断拓展自己的经营领域、创新自己的经营方式，才能为行业的发展做出贡献。

四、创新型人才

对于什么是创新型人才，社会各界都有自己不同的定义。在教育界，创新型人才是指具有创新、创造和创业方面的潜在能力的人才。在科学家的眼中，创新是科学发现、发明创造，创新型人才就是这些科学界的开拓者与发明家。而实业家看重的创新型人才则是具备创业能力与知识运用能力，能够创立一个实业、带动一个产业向前发展的人才，这种创新型人才往往能融知识、技术、管理于一体，具有敏锐的眼光、坚强的体魄和无限的创造力。

由此可以看出，不同行业对创新人才所下的定义是不同的，但是它们对创新人才性质的认定却是一致的，即创新型人才应该具有一定的创新意识以及创新品质，同时还应该具有创新实践的潜力。

在传统的教育思想下，教师非常重视学生对知识的掌握，所以在教学过程中，他们非常强调学生对知识的记忆以及模仿等。但是，这种教育方式忽视了学生能力的培养，并没有鼓励学生进行独立思考，学生们往往将大量的时间用在了识记以及背诵上，过于重视标准答案，而缺乏批判精神。

在英语教育中，英语语言具有工具性，所以，在具体的教学过程中，教师往往更注重训练学生的语言技能，忽略了学生独立思考能力的培养，这就使学生无法产生独到的见解，从而无法适应社会的需求。

自商务英语专业设立以来，不少高校依然沿用传统的教学思路，教师在授课的时候将大量的时间用在了英语语言知识以及商务知识的讲述上，但是却没有重视锻炼学生的实践能力。具体的商务活动是非常复杂的，并且没有剧本可以遵循，所以，在实践中，业务人员需要具备一定的创新精神，只有如此，他们才有能力应对各种复杂的问题。

创新体现在"新"字上。"新"意味着不同，就是与旧的、传统的思维或方法不同。在某种程度上，创新型人才的培养就是强调人的个性发展，是一个人独特性的表现和张扬。个性的充分发展是创造性思维的基础，而独特的个性则是创新型人才的特征。所以，我们的人才培养方案需要保证学生个性的充分发展。个性的发展和发挥需要有相应的环境和氛围。在学制、课程设置、教学活动设计、教学评价体系设计中应该保证创造宽松的、自由的、追求真理的学习环境和学习氛围。

只有在有利于创新的制度下，学生才能真正地发挥出自己的个性，才不会泯灭创新意识、创新精神，才能充分挖掘自身的创新潜能。归根结底，办学主体在商务英语人才培养方案的制订中一定要融入创新能力的培养理念。

五、地方性人才

(一) 人才培养国际化与区域化的关系

教育发展的外部规律告诉我们，教育总会努力适应社会经济发展的需要，与经济发展趋势保持一致。目前，世界经济发展日益呈现出两大趋势——全球化与区域化。经济全球化与区域化既是空间的两极，是整体与局部的关系，也是时间的两端，是未来和现在的关系。经济全球化以区域经济为起点，等区域经济实力壮大后再通过融合，并经由区域经济集团化达到全球经济一体化。这种趋势反映在高等教育领域中就是人才培养国际化与区域化同时并存的特征。

今天为地方经济服务的人才将是未来参与国际经济活动的国际化人才。人才培养的国际化是为了让学生形成国际化视野，以便更好地参与到全球化进程中去。而人才培养的区域化是为了培养学生为本国、本地区经济发展服务的能力。教育的国际化与区域化是远景与现实的关系。商务英语人才是将要参与国际商务活动的人才，但是，离开了地方经济的发展与繁荣，国际化商务活动就无从谈起，国际化人才也将面临无用武之地的尴尬处境。教育实践证明，区域化是不可回避的话题，服务于地方经济是商务英语人才的立足点。

目前，我国人才培养国际化与区域化呈现出既矛盾又统一的关系。经济发展落后地区急需大量区域化人才以满足区域经济建设的需要，对于国际化人才的需求似乎不太迫切，而且教育资源的不足也阻碍了国际化人才目标的实现。由于我国不同地区在自然条件、经济基础和文化传统等方面存在极大的差异，各地区高等教育的数量、资金投入、规模与质量差异也较为明显。其表现为高等教育在东、中、西部的区域布局极不均衡；全国重点大学、重点学科、重点实验室和研究基地大部分集中在东部发达地区；高等教育的投入差距比较明显；师资水平也存在区域差异。在一些地区，人才培养的国际化与区域化似乎无法统一起来。然而，不能否认的是，国际化人才培养的需求可以给我国许多地方院校的商务英语教育的发展带来机遇。我们可以通过越来越多的国际交流活动引进国际先进的办学理念和管理经验、吸引优质的资源和资金、聘用国外高水平大学的高级管理人才和高水平学者为我们带来先进的办学理念。通过派遣留学生和学者互访、参与国际会议和学术交流以及合作办学等都可以提升所培养人才的国际视野。具有国际化视野的人才是帮助地方经济实现飞跃的原动力。地方经济的发展会进一步推动高校在培养人才方面的综合能力。

参照国际人才培养标准能够提升地方人才的素质。商务英语人才培养要立足地方经济，在分析国家和社会对人才需求的同时，认真研究国际上同类学校的人才培养标准、发展现状与趋势，并按照高等教育发展规律与本区域特点确定合理的高校发展定位。只有这样，才能全面提高办学水平，提高人才培养质量，拓展与深化国际交流，并为区域经济社会发展服务。

（二）商务英语专业人才培养与地方经济发展的关系

在国际高等教育中，教育的区域化是一种发展趋势。在推动教育的发展过程中，高等教育发挥了巨大的作用，并且也推动了经济发展。

在我国，有很多优秀的地方院校，它们为当地的发展输送了合适的人才，从而推动了当地的经济发展。所谓的区域经济，指的是在社会劳动分工的基础上，逐步形成的一些区域经济综合体。不同区域的产业结构不同，这也是社会劳动分工的一种客观反映。

不同的企业的规模以及所生产的产品等都是有差异的，同一技术管理岗位所需的人才也各有自己的特点。不同地区的高校应该立足于本区域内经济发展的具体情况，准确找到自身的定位，从而为这些企业输送合适的人才。在国家高等教育体系中，地方高校也是重要的组成部分，所以，它们必须明确自身的定位，也只有如此，才能推动经济的发展。

地方高校承担着为区域输送人才的重任，所以它们应该调查本区域所需人才的类型以及数量。首先，高校所培养人才的结构应该满足产业结构的发展；其次，高校所培养的人才的数量应该能够满足区域经济发展的需求。从总体上来看，高校扩招使各单位都能招到适用自己的人才，但是，从人才结构的视角出发，人才的供给与需求依然存在结构错位的情况，许多企业都存在用人缺口，然而，很多毕业生却找不到工作。所以，高校应该立足当下，反思人才培养与社会需求脱节的情况，从而为合理培养人才做出贡献。

（三）地方性商务英语人才特征

在制订人才培养目标时，地方特色的体现也是人才区别于其他院校的有力证明。可以从3个方面突出人才的地方性。

1. 面向地方经济

与部属高校相比，地方高校更接近经济发展一线地带，是面向地方的人才输出主体，它的质量越高，地方经济社会发展的造血功能就越强，发展的后劲和活力就越充足，就越能实现经济发展的各项目标。经济全球化影响着我国的各个角落，地方经济的发展越来越离不开国际商务活动，地方需要成为商务英语人才主要的市场所在。作为一个有着巨大市场需求的办学主体，设立商务英语专业的地方高校要有效履行自身的社会责任，确保人才适应地方经济的发展需要。要从根本上改变人才培养与实际需求不相适应的状况，地方高校必须对地方的有关经济社会发展长远规划有科学的认识和把握，在人才培养方面与地方经济发展同步。这也正是在大力实施科教兴国战略的今天，地方政府和人民对地方高校发展寄予厚望、着力支持地方高校发展的重要原因。

2. 依托地方经济优势

面向地方、依托地方不仅是地方高校专业建设的立足点，也是地方高校专业发展的着力点。首先，因为地方高校对地方社会资源具有绝对的独占性，因此，依托区域资源开展专业建设，既体现地方高校的木质属性，又有别于重点大学，彻底改变"千校一面""人云亦云"的专业建设状况，也只有根据学校的办学条件与所在地区经济的优势，才能培养出其他院校所不能匹敌的、适应本地经济需要的商务人才。其次，地方优势产业的发展必然会聚集一大批优秀的行业经营管理人才，这无疑是十分可贵的教育资源。将这些企业的成功经验和市场竞争的实际案例带进课堂，对拓展学生的知识面，掌握企业经营和管理所需要的知识和技能，培养学生参与和适应社会竞争的健康心态，都是非常有帮助的。

3. 服务地方企业

地方企业是地方经济发展的主要推动力，决定着地方经济的发达程度。科技和人才是一个行业前进和发展的源泉，因此，人才的培养主要应服务于当地企业的需要，在定位方面应考虑当地行业的特点。

六、通才+专才型人才

通才教育是为了培养具有高尚情操、高深学问、高级思维，能自我激励、自我发展的人才。通才教育重视知识的综合性和广泛性，注重理智的培养和情感的陶冶；而专才教育比较注重学生实际工作能力的培养。专才教育专业划分详细，重理论学习和基础知识，培养的人才短期内具有不可替代性。但两种培养模式各自都有着不容忽视的缺陷。通才教育模式下的人才往往由于涉猎过于广博，学科的深入发展受到影响，以至于专业知识欠缺，无法迅速胜任工作；但专才教育模式在专业划分过细的情况下，片面强调职业教育，会造成学生知识面狭窄、后期发展无力的后果。第二次世界大战以来，由于科学技术的发展突飞猛进，社会对人才的需求呈现高度分化与高度综合的特征。一方面要求专业教育继续培养"专门人才"以适应工业化大生产和社会分工的需要；另一方面则要求教育培养出适应科学技术综合化发展，并能有效解决社会问题的"通才"，要求人们不仅懂技术、有科学素养，还要懂得如何处理人与人、人与社会、人与自然、人与国家、国家与国家的关系，要有人文精神，并且要用人文精神来驾驭科学精神，避免人成为"机器化的人"，成为"技术的奴隶"。为使科学技术与人类文明同向发展，以实现人类社会的可持续发展，通识教育再次被推上了历史的舞台。

专才与通才不应对立起来，专才教育不是对通才教育的否定。商务英语人才的培养正面临着复杂的人才需求环境。国际商务活动涉及不同国家的政治、经济、文化、宗教、哲学等多个领域，需要从业人员不仅具有扎实的商务专业知识、熟练的商务技能，还要具有综合的人文素质来应对这种复杂的从业环境。多数涉外企业对于人才的需求中明确地提出了"具有较高的人文素质"这样的要求。较高的人文素养也是构成国际化人才的必要素质。没有宽广的知识面也就不可能形成国际化的思维方式和国际化视野。这些内外因素决定了商务英语的人才培养方案中必须考虑通才教育与专才教育的结合。在人才培养方案的制订中，我们可以通过课程设置、教学体系和教学评价体系等方面的科学设计，体现专才与通才培养相结合的教育理念。

第四节　商务英语人才培养的理念

办学理念和专业建设观念是专业建设的指导思想，影响着专业建设的方向、进程和绩效，更新传统的人才培养观念才能适应专业建设和改革的需要。

一、商务英语人才培养 WH 六要素

商务英语专业人才培养模式改革可以概括成一句话：把握人才培养 WH 六要素（Who-培养什么人、How-怎样培养、Why-为什么、What-培养什么、Who-谁来教、Where-在哪儿教）。

首先，Who 是人才定位问题，即培养什么样的人才。商务英语专业人才培养要体现区域经济发展，根据本地区企业对人才的需求设置课程体系，与地方经济结构和产业模式相适应，面向外贸机构、合资企业、外资企业等外向型企事业单位，培养具有较强英语能力的高素质应用型专门人才。

其次，How 是人才培养方式问题。培养方式多种多样，工学结合、订单式培养是高等职业教育先进的培养方式，也是商务英语专业努力的方向。"以就业为导向"，开展校企合作，关注人才就业空间；"以学生为中心"，改革教学模式；"以任务驱动"，推进项目课程改革；积极实施"双证书"制度，大力培养学生的职业技能，这些都是解决人才培养方式问题。

第三，Why 是找准专业定位的问题。商务英语专业应该找准四个定位——在整个高等教育体系中的位置、在经济社会发展中的位置、在学校的位置、在同类专业中的位置。正所谓知己知彼方能百战不殆，确定自己的位置，

找到重心，才能把握建设的方向。

第四，What 是培养什么的问题。必须以就业为导向，在专业建设、课程设置、教学内容和教学方法改革等方面进行探索，形成特色鲜明的专业。商务英语专业的特色是要求淡化学科性教育，强化职业技能和岗位技能培养。以培养学生岗位职业能力为目标，以业务流程、工作程序为教学环节，以专业、课程模块为教学特征，以工学结合为核心，体现商务英语人才培养的职业性和实践性。

第五，Who 是谁来教的问题，就是要建立一支与人才培养模式相适应的专业教学团队。"双师型"教师队伍建设是提高教育教学质量的关键。

第六，Where 是在哪儿教的问题，就是教学场地的问题，更是商务英语专业校内外实训基地建设问题。有了准确的定位和明确的目标，商务英语教育必将在商务英语的"半壁江山"中占有无法替代的位置。

二、开放办学

办学理念的"开放"，主要包含了体系开放、机制开放和模式开放三个层面的含义：一是教育面向全社会，是教育体系的开放；二是行业、企业、学校共同参与，是教育机制的开放；三是工学结合、校企合作，是教育模式的开放。

三、工学结合

校企合作、工学结合是实现商务英语专业人才培养改革的重要途径。商务英语专业以培养具有较强的英语运用能力以及熟练的商务操作能力的高素质技能型人才为目标，校企合作、工学结合是实现商务英语专业人才培养目标的最佳方式。校企合作办学是实施工学结合的重要路径。通过合作，利用企业的设备、资源、条件等，可以弥补学校实训条件的不足，保证"工"到实处、"学"以致用，"教学做"一体化，是实现工学结合的最直接的方法。

校企合作的最大难题在于怎样将企业设备、技术、标准等资源用于院校人才培养。因此，院校应当主动走向社会，与行业、企业实行双赢的合作，建立起紧密型的校外实训基地，开展文化交流、实习实训、技术服务和科研合作等，充分体现面向社会、面向行业、面向企业的办学理念。

第七章 商务英语人才培养的模式

商务英语人才培养的模式有很多。本章主要论述了当前商务英语人才培养模式存在的问题、四位一体商务英语人才培养模式、复合应用型商务英语人才培养模式等内容。

第一节 当前商务英语人才培养模式存在的问题

在对人才进行培养的时候，大部分的高等院校并没有对学生进行较为具体化的分析和研究，故而在设计相对应的人才模式的时候，也没有一定的针对性，为什么会出现这样的情况呢？由于不论是高等院校教学的理论和观念，还是高等院校开展教学的活动，都会在不同程度上受到英语教学陈旧的教学模式的影响，就像即便是穿上了比较新的鞋子，但还是走的曾经的道路，对人才进行培养的模式和人才所应达到的目标是完全不能对应的。就目前的情况看来，现在学习商务英语的学生的学习状况并不是很好，基础知识和口语能力都有待提高，不少公司对此并不是很满意。对现存的商务英语的人才培养模式进行细致的研究和分析，我们发现，其存在的问题不少，主要表现在这几个方面：

一、人才培养方式不合理

要想达到一定的目的，我们需要借助于一定的方式，当然，对人才进行培养也需要通过合理的方式才能实现。从总体上来看，大多数的高等院校在对商务英语人才进行培养的时候，一般都会采用这样几种方式：第一种是把英语和商务知识进行有效的结合，第二种是把英语和汉语商务课程结合起来进行教学，第三种是把通用英语和商务英语结合起来开展教学。

第一种，把英语和商务知识结合起来，以此来开展有效的商务英语教学。在传统意义上的英语课程教学中，融入针对商务的相关的知识，比如，经济贸易方面的英语等。在上大学的时候,大多数学生在学习英语的时候,只是对一些比较简单的商业贸易方面的知识有大体上的了解,即便是对国际商务的相关概念有所学习,但是,这些知识都是非常零散的,也是非常简单的,并不具备系统化的体系,对于商务并没有非常强的实践能力。

第二种,把英语和汉语商务课程有效地结合起来。除了设置学习英语的比较具有专业性的课程以外,还可以开设使用汉语来讲授商务知识的相关课程。在讲课的时候,学习商业贸易的比较具有专业性的教师使用汉语来对这门课程进行讲述,其所传授的商业贸易的理论都是系统化的,当然,其中涵盖的实践性的东西也是比较系统的,和英语方面的知识是没有关系的。因为使用汉语所设定的商务方面的课程受制于学习的分数,科目的数量也非常有限,这样的话,学生还是不能学到比较完整和全面的商务方面的知识或者是实际操作的能力。这种方式有其自身的缺点——使用汉语讲授课程;使用的教材也是汉语编写的;英语和商务知识的专用语不能有效对应起来。

第三种,把英语和商务英语结合起来。在大学一、二年级,主要是对英语专业方面的语言和文化进行学习。到了第三年和第四年的时候,一般都会针对学生设定一些商务英语的相关课程,既有选修的课程,也有必修的课程,比如,国际营销的英语、商业贸易的法律和法规方面的英语等。这样,商务英语的课程不断发展,形成了一整个系列,变得比较系统化和专业化,从而在广度上不断扩展。需要指出来的一点是,在这样的一种方式中,实际上学习的重点还是英语专业方面的语言和文化,对于商务的理论知识和实践操作的学习还是不足的,在早些时候学习的语言方面的知识并不能和后期语言知识的丰富度相协调。

二、没有设定健全的课程

虽然说,国家教育部要求设定比较系统化的课程体系,但是,在真正落实的时候,很多高等院校所设定的课程还是和教育部的规定相差很远。其主要在这样几个方面有所体现:

(一) 教师队伍不够强大

因为开展商务英语的教师的队伍不够强大,故而,并不是所有的商务英语课程都可以使用英语进行教学,或者是使用英语和汉语一起进行教学,大多数的商务英语课程的讲授都不能使用英语。一些语言类的教师对商务方面的知识了解得很少,在对商务英语课程进行讲授的时候,更多的也只是对语言的理论知识、技能训练进行论述。不论是哪一种方式,都把语言和商务英语之间的关系分开了。

（二）通识类英语课程设置所占比重大

在中国，不论是高中阶段，还是大学阶段，英语教育中普遍存在一些重复的现象。这几年，高中阶段的时候，学生们已经学习了很多基础性的知识，但是，当其进入大学以后，学校还是会安排一些基础性的课程，这就导致学生把较多的时间和精力放在了基础知识的学习上，这样的话，既浪费了一定的资源，也浪费了学生的精力，时间久了，还会让学生对学习失去兴趣，也没有了学习的动力。在学习语言的最初的阶段，就要和专业性学习融合在一起，这样才能和后期的英语环境下的专业性知识的学习相符合。

（三）没有过渡性的课程

学习的过程并不是一蹴而就的，都有一定的层次性和逐渐深入的过程。从学习通用的英语到学习专业性的英语，这其中都会有一个逐渐深入的过程。假如没有中间的过渡性的阶段，通用的英语学习结束以后，紧接着学习专业性的英语，那么，学生对于专业英语中一些专业性非常强的词汇和语言就会显得手足无措。因为专业知识比较难，这样的话，在学习的过程中，学生可能就没有那么多的精力和时间来学习语言了，最终，对于商务知识和英语语言的融合发展也是非常不利的。

（四）实践课程太少

很多商务英语专业课程都把实践课程给忽视了。为什么会出现这样的情况呢？主要有两个方面的原因：第一，很多教育院校或者是教师本身就轻视了实践课程；第二，因为没有实践平台，故而，很多高等院校也就不再开展实践课程。

（五）通识类课程设置比较片面

所谓的人文素质指的是，一个人要具备比较渊博的人文知识，还要在这个基础上对知识进行较为灵活的运用，积极思考，能够非常正确地看待各种各样的问题，还要具有能使用各种知识对实际工作中存在的问题进行有效解决的能力素养和创造性的意识。通识教育在各个学校的选修课程中占有非常重要的地位。但是，我们从整体上进行分析，人文教育的课程并不是很多，各个高等院校的选修课程中都没有对世界性的形势进行分析的课程，与此同时，还缺少一些对中国和外国的哲学和文学等进行较为全面的介绍的课程。只有对中国和外国的社会文化有非常全面的了解，学生才能提升自身的人文素养。

三、教学体系落后

商务英语的教学体系中存在很多问题，概括起来，主要体现在五个方面：教学的方法比较陈旧、教材的编写缺乏一定的科学性；教师各个方面的素质需要进一步提升；缺乏实践教学的平台；课程的考核体系也缺乏科学性。

（一）教学的方法比较陈旧

在对学习商务英语的学生进行教育的时候，现行的教育积极倡导要把学生当作学习的中心，教师对其进行引导和监督，从而对学生的各种各样的能力进行有效培养。但是，受到传统意义上的教学方法的影响，再加上传统文化影响下的学生的性格都是比较内敛的，没有创造性的意识和主动性的精神，这样的话，课堂上的教学活动并不能真正把学生当作学习的中心。即便很多教师都知道要把学生当作学习的中心，但是，因为缺乏足够的了解和基本的指导，教学改革的进展并不是很顺利，学生的主体性地位还没有真正确立下来。有的教师也组织了多样的课堂活动，但那只是小的改动，并不能产生翻天覆地的变化。所以，要想对教学方法进行改革，道路还非常漫长。

（二）教材的编写缺乏科学性

到现在为止，国内还没有受到广大专业人士认可的商务英语教材。现存的一些教材并不是很全面，而且不具有一定的层次性，也缺乏一定的实用性。很多以前从来没有接触过商务知识的学生需要有一个过渡阶段，只有这样，才能从易到难，逐渐深入。但是，现在的教材，要么是偏重于语言知识忽视了商务知识，要么是偏重了商务知识忽视了语言知识，不论哪一种，学生都很难一下子接受。需要把商务知识和英语语言有效地结合起来，这样的教材才能提高学生的综合应用能力。

（三）教师各个方面的素质需要进一步提升

通常来说，教授商务英语的老师大都是教授英语的老师，其在英语的语言教学上是最顺手的，但是对商务方面的知识和实践缺乏系统性的了解。因为学校的财务能力非常有限，并不能对教师开展针对性培训，教师也只能自己抽时间学习商务方面的知识，故而缺乏一定的系统性。当然，一些高等院校还会聘请一些商务专业的老师来讲课，但是，这样的教师的英语能力并不好，也不能把商务知识和英语语言有效地结合起来。这样的情况使商务英语教学的效果并不是很理想。

(四) 缺乏实践教学平台

要想开展实践教学，教学的管理部门需要为之搭建一定的平台。工学结合是一种非常合适的方式，但是，这种方式进展得并不是很好，主要就是企业的原因。在校企合作中，企业一般都会只考虑自身的利益，故而并没有很高的热情。学校才是对人才进行培养的主办方，企业只是协办方，我们需要想方设法提高协办方的积极性。

(五) 课程的考核体系缺乏科学性

对商务英语专业的应用型人才的培养，有一项非常重要的部分，那就是课程考核。课程考核既能检查教学的效果好不好、学生的学习情况如何，还能对教学的理念、方法和管理工作进行一定的指导。如果教学的测试方法和评估方法比较落后的话，就会对人才的培养产生非常不利的影响，还会妨碍教学方法的不断改革和进步。到现在为止，商务英语的课程评价体系存在各种各样的问题，概括起来，主要有以下几个表现：第一，评价的标准缺乏多元化。大多数学校和教师都把学生书面上的成绩当作对其进行评价的标准，但是把学生的动手能力和解决实际问题的能力都忽视了，这样的话，在学习的时候，不论是教师还是学生，都把学习教材中的知识当成最重要的了，忽视了实践性。第二，评价的方法都非常简单。商务英语教学的评价方法通常是把期末考试和在课堂上的考勤有效地结合起来。只要学生的期末考试的成绩合格了，再加上平时的出勤合格的话，学生的成绩就算是合格。还有就是毕业的时候写的毕业论文也是一项考核方式。商务英语测试的试卷的设计具有很强的主观性，不论是测试的内容还是题目的类型，都没有统一起来。我们需要不断完善测试的方法，把学生的知识和能力有效地结合起来，进而推动改革的发展。

四、人才培养的评价体系不全面

现在看来，我们对于一个专业的评价主要就是看一些比较具有权威性的机构对这个专业所在的学校进行的评价，评价的标准非常单一。这么多年来，中国对大学的评价基本上都是各个比较具有权威的行政机构的评价，在评价的时候，高度重视研究成果的数量，却忽略了对人才培养的评价。积极构建对人才进行培养的综合性的评价体系，可以促进商务英语专业的高效发展。

第二节 四位一体商务英语人才培养模式

一、四位一体的人才培养模式

(一)"厚"英语基础

1. "厚"英语基础的目标界定

"厚"英语基础,即坚持英语本位的原则,要求学生具有较扎实的英语语言基础以及较强的英语交际能力。在语言基础知识和基本技能训练中,侧重培养学生的实用能力和英语应用能力,以适应终身教育与学习化社会发展的需要。高等职业技术学校商务英语专业学生由于学时较短等因素,总体水平略差于本科学生,但对英语语言基础能力的要求不能降低,英语听、说、读、写、译五方面的语言技能必须扎实。

2. "厚"英语基础的教学实施

(1) 合理设置英语基础课程

在课程设置上,坚持针对性和实用性原则。在"必需"和"够用"的前提下,以学生综合能力培养为基点,以英语能力发展为主线,注重英语基本知识和技能,强调语言交际能力的培养。如在基础课程中,开设英语精读、阅读、语音等。听、说、写是中国学生的软肋,故在高年级英语课程设置中一定要强化听说和写作能力,如开设商务谈判、商务口语等课程,其课时数应占50%以上。

(2) 采取分层次教学方式

针对不同基础的学生设定阶段性分级目标,帮助学生稳步有序地打好语言基础,使不同层次的学生学有所得,激发他们学习英语的积极性,最终达到既定教学目标。每门课程都有其自身的针对性,因此,教师应选择最科学、有效的教学方法和教学内容的组织形式以达到最佳教学效果。如对于基础较差的学生,教学重点应放在基础知识上;而对于水平较高的学生,则应着重英语综合应用能力的培养。

(3) 采用阶段考核评比机制

在基础阶段,以全国英语等级考试为训练目标,对初级英语水平的学生进行系统训练,提高其学习兴趣和自信心。在高年级阶段,鼓励学生考取剑桥商务英语、口译等证书，提高英语交际能力。同时将竞赛考核机制纳入课程体系，将听、说、读、写、译各类竞赛贯穿其中，在竞赛中全面强化和巩固英语听、说、读、写、译技能，为学生进入职场打好基础。

(二)"通"商贸理论

1."通"商贸理论的目标界定

"通"商贸理论着眼于商务知识的系统传授，使学生掌握国际经济贸易领域的基本知识和理论，使之具有宽泛的商贸知识和一定的商务操作能力。宽泛的商贸知识是指了解国际贸易、国际金融、电子商务、市场营销、国际商法等方面的一般理论知识和法律常识；一定的商务操作能力是指掌握国际商务活动中常用的实务操作能力，如进出口业务单证制作、产品推销、商务公关和谈判、商务文函处理等。理论知识以够用为原则，以宽泛为目标；操作能力着眼于商务实务，强调学生的动手能力和实践能力。

2."通"商贸理论的教学实施

构建"通"商贸理论的专业课程体系。在学习英语课程的同时，学生必须学习商贸理论课程，用于拓展专业视野，为学生更好地适应工作岗位打下坚实的基础。如商务谈判、市场营销、涉外旅游、国际商法、人力资源开发与管理、酒店管理、电子商务、商务礼仪等课程，此类课程涉及商贸活动的主要方面，能够开阔学生的专业视野，扩展专业知识面，为其将来在商贸领域进一步发展打下基础。课程分为必修课、专业选修课和公共选修课。学生可以根据自己的兴趣和专长任选模块课程。整个课程体系要能使学生既"通"商务理论知识，又掌握常用的实务操作能力，同时还要提高学生的动手能力和实践能力。

建设"双师型"教师队伍。要培养具有较强实践动手能力的学生，就需要"双师型"教师。"双师型"教师队伍建设可采用以下措施：①聘请社会上水平较高的商务从业人员走上讲台；②对缺乏商务知识的教师进行集中培训，使之掌握商务基础知识和技能；③鼓励教师考取相关职业资格证书，商务英语专业教师可通过自学、进修或培训等方式，参加职业技能考试，取得证书；④有计划地安排商务英语专业教师定期到进出口贸易公司、外资企业、海关等单位进行顶岗锻炼。

(三)"重"实践操作

1."重"实践操作的目标界定

商务英语专业人才培养模式和实践教学体系的改革是商务英语专业办出质

量、办出特色的关键。实践教学是职业教育的重要内涵，也是其区别于学科型教育的核心特征。实践教学体系的构建和实施是一个系统工程，它依赖于对专业定位的正确理解、实践教学目标和实践课程的准确设置以及校内外实践教学条件的不断完善。只有对实践教学体系进行整体优化并使其得到有效实施，才能带来人才培养质量的实质性提高。

2."重"实践操作的教学实施

(1) 组建现代化的校内实训中心

在校内组建两类现代化的实训中心。一类主要包括口语实训室、语言自主学习中心、多媒体语言实训室等。这类实训室能为学生自主学习提供真实、广泛的学习资源。另一类是具备全真商务与办公环境的综合商贸实训中心。在商贸实训中心开展模拟教学，在校内设置仿真商务环境，让学生自主合作，组建模拟公司，结合相关课程知识进行仿真模拟训练。这样既能培养学生理论联系实际、分析问题和解决问题的能力，又能使学生接触具体的进出口业务，培养实际动手能力。

(2) 建立健全稳固的校外实训基地

校外实训基地建设是校内实践教学的延伸，是实践教学体系的完善。学生在校外实训基地参与实际工作，是获得应用型知识与能力的有效途径。积极拓展教学空间，与外贸单位、海关、银行等建立合作关系，把校内与校外的教育教学资源结合起来，逐步建立"协作型"和"合作型"相结合的模式。在校外实训中，学生能够真正接触电子商务业务，逐渐熟悉进出口业务中的商务函电和制单结汇等，还可以进行商检、保险、租船订舱、报关等业务过程的模拟活动。

(3) 完善专业考核测评体系

完善测评体系的主导思想是以能力考核为主，每门专业课程都要有科学合理、便于操作的实训考核大纲和实施细则。测评方法改革要实现三个有利于：有利于学生知识运用能力、创新能力和实际工作能力的培养；有利于促进教师教学内容、教学方法和教学手段的改革；有利于推动学生学习方法的改变，提高自主学习的能力。考试形式应由以往的单一笔试改成理论考核和实践考核两种形式：理论课程考核可采用笔试、面试等，开卷、闭卷均可；实践性课程考核把过程考核与结果考核相结合，可允许学生多次参加考试，直至达到目标要求。教师应将平时的实践内容全部纳入考核范围。平时每次流程作业和公司业务模拟表演成绩均应成为最终成绩的一部分，这样能够真正体现学生掌握知识和运用知识的程度。

(四)"活"岗位群适应能力

1. "活"岗位群适应能力的目标界定

在"四位一体"人才培养模式下,商务英语课程设置的基本原则是以学生就业岗位群的知识、能力和素质需求为依据,以培养英语语言能力、商务操作能力为核心,坚持理论教学和实践紧密结合。在课程设置上既尊重学生的学习自主权,又反映社会对毕业生知识、能力、素质的要求;既有利于学生个性的充分发展,又能增强毕业生的择业和竞争能力。

2. "活"岗位群适应能力的实施

(1) 设置专业模块选修课

在英语类专业基础课程的基础上,将专业岗位群中的一个专业方向划定为一个专业选修模块。首先分析所有专业岗位群的情况,以及历年毕业生的信息反馈,经过反复的市场调研以及对就业市场人才需求状况的调查,将目前急需的岗位群设置成几个模块,如国际贸易、市场营销、涉外旅游等。学生可根据自己的兴趣和今后的就业意向任意选修其中一个模块,并考取相应的职业资格证书。

(2) 设置专业任意选修课

专业任意选修课的设置是对专业模块选修课的拓展和升华,其科目、课程内容等可根据人才需求状况和岗位群的职业需求灵活调整,真正体现人才培养的"活"岗位群适应能力。如果学生感觉在专业模块课中获得的知识、技能和职业资格证书不能满足今后就业的需要,可根据自己的特点和以后的就业意向,选择专业任意选修课,以拓宽专业知识和技能。通过专业任意选修课的培训获得另一个专业方向岗位群的知识技能,也可考取相应的职业资格证书,为以后的就业提供更多选择的机会。

(3) 鼓励学生多考取职业资格证书

从社会用人角度来看,职业资格证书是就业的凭证和通行证,是应用型人才培养的切入点,也是学生就业竞争力的重要砝码。在"四位一体"人才培养模式下,学生修完专业模块课和专业任意选修课程后可考取相应的职业资格证书,如外销员、跟单员、报关员、报检员、涉外导游等。获得多项职业资格证书可使毕业生适应多个岗位群的职业要求,有多种就业选择,从而拓宽就业面,增加就业机会。

在商务英语专业人才培养过程中要坚持以语言能力为核心,以应用能力为目标,有效地将英语教育、商务知识教育、职业方向教育和跨学科教育相结合;以"夯实基础、拓宽口径、服务地方"为应用型人才培养的原则,逐步实践"厚"英语基础、"通"商贸理论、"重"实践操作、"活"岗位群适应能力的"四位一体"人才培养模式。

英语"四位一体"教学法的理论和方法为解决我国英语教学中的重要、热点问题指明了方向,并提出了切实可行的方法。四位一体框架结构对英语教学的启示是:①要重视语言知识和信息的输入量,并且要根据学生的情况分阶段、有侧重、循序渐进地输入。②知识和技能必不可分,知识的掌握必须通过技能的训练和练习,才能上升到应用的层面,双基构成了"四位一体"牢固的底座。课堂教学中精讲精练,使学生有充分的学习、思考、整理、归纳时间,从而发挥学生的自主学习能动性,提高课堂效率。③要学以致用,培养听说读写译的语言能力。"学"是过程,"用"是目的。在教学过程中,教师要创设生动活泼的语境,把知识和技能融入语境中,创造接近于真实的教学场景,而不是让学生死记硬背条条框框,这样学习的效果才会更好,有助于语言的输出。④重视语言文化的学习,开展社会实践,培养具备较高语言素质的应用型人才。

二、四位一体人才培养模式的构建

"四位一体"外语教学体系围绕以人为本的教育理念,以建构主义学习理论为基础。建构主义理论强调以学生为中心;强调学生对知识的主动探索、主动发现和对所学知识意义的主动建构;强调"情境"对意义建构的重要作用;强调"协作学习"对意义建构的关键作用;强调对学习环境(而非教学环境)的设计,强调利用各种信息资源来支持语言学习,包括网络学习。

(一)以"四位一体"原则为指导,优化教学目标,采用全新教学理念

在英语教学中,教师应根据知识的内在属性和学生的认知水平来组织教学,这是"四位一体"的教学要求之一。面临学生英语水平参差不齐的状况,在教学中,我们要根据学生的学习基础、学习方法以及兴趣爱好,布置授课内容和学习计划。在大一的两个学期,我们主要是提高学习兴趣,加强学生语言功底,每个单元确定重点、难点,对高中的语法、词汇进行系统讲解和复习。课前让学生预习,留给学生讨论题、思考题、答辩题等,调动学生积极性,课上在每个单元的导入部分加大信息输入量。在教学的过程中,教师应采用多种教学方法来加大背景知识的输入量,帮助学生把已有的内容图式与阅读材料中的文字信息联系起来,构建新的图式。丰富的背景知识是快速有效阅读理解的前提,背景知识包括与课文相关的英美文化及意识形态,英美历史、政治事件,《圣经》、希腊罗马神话、词语的文化内涵等。

（二）采用小组协作学习，提高学生兴趣和能动性

协作学习与个人学习不同，是一种通过小组或团队的形式组织学生进行学习的策略。小组成员的协同工作是实现班级学习目标的重要组成部分。小组协作活动中的个体（学生）可以将其在学习过程中探索、发现的信息和学习材料与小组中的其他成员共享，甚至全班同学共享。协作的方式有角色扮演、辩论、讨论、竞争、合作、问题解决等。

（三）调整专业课程体系，使之更加合理化、科学化，真正体现实践性

为体现课程的可操作性、应用性特点，在课程设置上，将基础专业理论课和社会实践课程进行科学合理的细分，教学中尽可能弱化理论，逐步加大社会实践课时的比重，学生的成绩考核也会做出相应调整，将社会实践课单独划分出来评定学分。如国际传媒专业的学生，首要具备的能力是能在一种时间紧迫的高压状态下采、写、编英语新闻，因而高校应该通过对英语新闻的采、写、编等专业基础课的实践操作来考核学生，而这些能力的培养至少要通过两个环节来实现和强化，一个是在课堂实践课中体现，一个是在后期专业媒体实习环节中体现。

（四）构建功能性、融合性于一体的多媒体技术平台，真正体现实践性

美国大学校园媒介社会化程度较高，既有报刊、电台、电视台，又有高端的计算机信息网络和摄录、编采齐全的实验室，有的甚至拥有大通讯社的供稿专线，学生的实践平台较高。目前，我国普通高校受各种因素影响，现有条件还不能建立如此专业和庞大的多媒体技术平台，但至少可以充分利用现有的学校资源，将校内的报纸、广播、电视、网站、虚拟演播室、编辑机房等进行有机整合，联袂打造成多媒体实验室，为学生实训和实践构建必要的技术平台，实现资源的有效利用。

（五）将课内教学、课外实验、社会实习有机融合，真正体现实践性

目前，各个高校最棘手的问题是不能把课堂教学与专业媒体社会实践有效融合，因此，建设融课堂教学、演播室实验、媒体实习于一体的实践体系迫在眉睫，完善的实践教学体系应包括校内实践和社会专业媒体实习等，把这些实践有效贯穿衔接，才能体现国际传媒课程的实践性特点。

课堂实验实践教学。实验室实践训练虽然相对比较单一，没有把实践放到真实的大环境中去演练，但这种形式的实践训练是必不可少的。事实上，教学

过程就是在完成课堂教学任务。在教授英语新闻写作这门课的过程中，虽然要求学生自拟英文新闻选题并策划，自行拍摄，最后利用非编系统编辑出一条英语视频新闻，但不难发现整个操作过程中，学生都是在一种宽松的氛围中完成作业的，完全没有体会到真正媒体环境高压状态下的紧迫感，要真正采编一条符合播出要求的新闻，除了课堂实践外，还要借助第二课堂实习的提升。

第二课堂实践教学。将第二课堂与课堂实践教学有机结合，让学生真正感受媒体人应承担的责任。目前，且不从专业角度评判，各大高校都有自己的校广播站、网站，甚至有自己的电视台。国际传媒专业可以充分利用资源，将整个学校当作一个微社会，熟悉媒体的操作流程，有效开展第二课堂实践教学，学生以小组为单位建立自己的创作团队，当然，任课老师也要参与其中，进行人员调配和指导，对学校所发生的任何新闻事件采用多种形式进行报道，经过一段时期的锻炼，使学生明白一项特定工作必须具有的实际技能，清楚工作相关的职业环境和团队需求。

第二课堂的特点就是以学生为中心，充分调动学生的兴趣爱好开展丰富多彩的英语课外活动，有效地将第一课堂所学的英语知识通过第二课堂所创设的语言情境展现出来，借以激发学生的创造性学习和自主学习，使学生将第一课堂所学的语言知识通过第二课堂活动得到巩固和发展，从而提高学生的综合语言能力。采取的措施有：举办大学生英语文化节或者英语文化月活动。活动月设有英语歌曲比赛、英文朗诵比赛、英语知识竞赛等灵活多样的活动，文化月最后可组织活动月节目汇报，将优秀的英文节目进行全校展演，对于表现出色的学生要大力表彰。

专业媒体实习教学。当前，我国高校传媒教育当务之急是"拆墙"，拆除学校与媒体之间的"墙"，拆除学界和业界之间的"墙"，联手媒体共建人才培养基地，使理论教学和传媒现实达到"无缝对接"。过去建设实习基地的困难在于学校完全依赖媒体，将学生直接推向媒体机构，很多时候学校是为了完成学生必须实习的硬性指标，没有对媒体进行实地考察，也没有考虑学生自身的实际特点，导致大多数学生在媒体实习中抱有"应付"的态度，没有真正投入实际工作，让原本互惠共赢的好事违背了双方的初衷，导致媒体单位总是培养不出得心应手的实习生，而这些"游击式"的在校实习生在媒体单位也很不受欢迎，甚至被拒之门外。如果学校能与媒体单位建立长期固定的合作关系，建立专属本校的实习基地，实现集教学与实践于一体的校企融合模式，那么，实现学校与媒体的共赢将不再是什么难题，学校可以源源不断地为媒体单位储备和培养新闻后备军。

（六）大二四级备考阶段精讲精练，阶段侧重，五技并举

英语"四位一体"重要的一个方面就是怎样应试，有教育有教学就会有考试，有评价有考试就有应试，应试非常重要。通过应试可以促使学生、教师应知必会的知识进一步得到巩固和提高，获得更好的教学效益。我们在考试方面需要改革、创新，英语四位一体主张精讲精练，阶段侧重，循序渐进。"四位一体"复习模式首先是知识，然后是技能，之后是综合能力训练，最后是模拟训练，也可称为"阶段训练""专项训练""综合训练"和"模拟训练"。阶段训练主要是知识的讲解，包括四级大纲词汇和语法；专项训练为五项技能，听、说、读、写、译五个模块练习和讲解；综合训练就是"阶段训练"和"专项训练"的综合，主要是通过真题练习，对知识和技能进行查漏补缺；模拟训练采用"拼盘式"的精选模拟试题，要求试题的容量、区分度、文章的长度、分值说明等与四级真题基本一致。

同时，高校可邀请传媒业界人士定期到课堂中去进行实践教学，不断开拓新的思路，也可以以项目合作的形式，让任课教师和学生参与到实际媒体策划、节目制作中，真正策划制作新闻产品，让社会来检验教师和学生的实践成果，实现传播专业与教学实践的有效对接，不仅仅是把媒体的人才优势资源引入传播专业的办学中来，校企共同办学，也在实际环境中培养专业教师和学生的动手能力。

三、四位一体人才培养模式评价体系

（一）建立教师实践教学考核机制

目前，高校固有的学术考核机制使国际传播专业教师面临压力，要做既擅长专业理论讲授，又能熟练指导生产实操的"双师型"教师。如果将理论教学与媒体实际应用能力教学这项指标作为国际传媒老师考核标准的话，恐怕没有几个老师能真正达标，这使现行师资考核机制陷入尴尬。我们常说，教师的高度决定学生的高度。要保证实践教学的质量，就要强调教师实践能力的培养，可以不定期组织任课教师到媒体单位尤其是一些大型的国际媒体挂职锻炼，逐步将其引入高校教师考核中，循序渐进地进行，实现老师理论和实践知识的重构和有效对接、教师教学和实践能力的再造，只有这样，才能打造出一批精良的适应媒介的、与时俱进的师资队伍。

(二)建立学生"考试学分+实践学分"双重考查机制

针对学生的考核机制将媒体实习作为一个重要的考查指标，但目前检验学生的实习效果没有严格的评估体系，针对学校必须实习的硬性要求，可谓是上有政策、下有对策，学生应对的办法往往是东拼西凑，甚至弄虚作假应付。因此，必须建立一套科学、合理的学生实践考查机制，使学生实践逐步由有法可依步入有章可循。必须对学生实践、实习的成果提出切实可行的量化标准。学生在原有各个理论学科考试学分的基础上，可以增加实践学分考核机制，除了课程该拿的理论学分外，可留出一部分以实践学分的形式补足，根据学生发表文章的媒体单位级别、学生制作的视频节目在播出单位的收视率高低，给予实践学分，一方面可以督促学生积极参与传播实践，另一方面可以作为媒体用人单位考查鉴定学生能力的一个有效凭证。

我国各高校对国际传播人才的培养应敢于摒弃传统教学模式中不适宜时代和专业的观念和做法，应充分挖掘高校自身优势，有效利用学生自身特点，建构一种集课堂理论教学、实践技能训练、媒体大实习多位一体的教学模式，只有这样，才能培养出时代需要的高素质复合型国际传播人才。

"四位一体"教学方法充分体现了现代教育理念，不仅符合普通教育学、心理学原理，而且为外语教学论填补了新的内容，通过扎实、认真的实践研究，我们更进一步地理解和掌握了一系列的现代教育理论，能够运用科学的理论指导实践，在教学中研究，在研究中教学，以教促研、以研带教，使教学实践少走弯路，更好更快地提高教育教学质量。事实表明，"四位一体"理论指导下的课堂教学活动：①有效地提高学生外语综合应用能力，尤其是听说能力，使学生在以后的工作和社会交往中能用英语有效地进行口头和书面交流；②增强学生自主学习意识，提高学生自主学习能力；③帮助学生了解西方文化和历史，提高文化素养；④提高学生的应试能力，取得较好的四级成绩。但是，我们在教改和研究的过程中，要正确处理理论教学和实践教学的关系，理论和实践课时要有侧重，在保证理论教学效果的基础上，适当加大实践教学环节；使网络教学和课堂教学齐头并进，充分发挥两者的优势；我们要重视外语综合应用能力、自学能力的培养，也不能忽视英语四、六级的应试；最后，对学生的评价要客观，结合形成性评估和终结性评估体系考核学生。

在人才培养的各项改革中，我们综合权衡各种因子，教学目标的设定、教学大纲的评价、课程体系的构建、教学方法的改革都将学习者需求、教师因素、社会需求等考虑进去，构建和谐、共生的生态系统。在实施的过程中，课堂内外联动、师生联动、校企联动，形成合力，构成和谐的整体，促使教育目标顺畅实现。

第三节 复合应用型商务英语人才培养模式

一、复合应用型人才培养模式的理论依据

（一）多元智能理论

1. 多元智能理论的产生和内涵

美国著名教育心理学家、哈佛大学教授霍华德·加德纳（Howard Gardner）基于多年来对人类潜能的大量实验研究，在1983年出版的《智力的结构》一书中，首次提出并着重论述了他的多元智能理论的基本结构。多元智能理论（The Theory of Multiple Intelligences，简称MI理论）认为智能是在特定的文化背景下或社会中解决问题或制造产品的能力。[①] 就其基本结构来说，每个人身上至少潜在具有八种不同的智能：①言语智能，即对语言、文字的掌握和灵活运用的能力，简言之，即听说读写能力；②逻辑数学智能，即对逻辑结构关系的理解、推理、数学运算以及科学分析的能力，依靠推理来进行思考；③视觉空间智能，即对色彩、形状、空间位置等要素的准确感受和表达的能力，在脑海中形成一个模型或图像从而加以运用的能力；④肢体运作智能，即身体的协调、平衡能力和运动的力量、速度、灵活性等，运用全身或身体的某一部分，解决问题、改变物体或创造作品的能力；⑤音乐智能，即个人感受、辨别、记忆、表达、创作音乐的能力以及通过作曲、演奏、歌唱等形式来表达自己的思想和感情的能力；⑥人际智能，即察觉、体验他人的情绪、情感并做出适当的反应，与他人合作的能力；⑦内省智能，即个体认识、洞察和反省自身的能力；⑧自然智能，即对自然环境景物有诚挚的兴趣、强烈的关怀以及敏锐的观察与辨认能力，自然智能应当进一步归结为探索智能，包括对社会的探索和对于自然的探索两个方面。1999年加德纳又提出存在智能，即对人生和宇宙终极状态的思考、为自己定位的能力。

多元智能理论认为，人的智能具有以下一些特征：①智能的普遍性：每个

[①] 张艳玲. 英语教学的理论、模式和方法 [M]. 青岛：中国海洋大学出版社，2018：97.

人都拥有多种智能，只是某些智能的发达程度和智能组合的情况不同；②智能的发展观：人的智能可以通过后天的教育和学习得到开发和加强；③智能的差异性：既有个体间差异，也有个体内部的差异；④智能的组合观：智能之间相互作用，以组合的形式发挥作用。

2. 多元智能理论对高等院校英语专业人才培养的借鉴、指导意义

多元智能理论有助于形成正确的智力观。多元智能理论使广大的院校管理者充分认识到：真正有效的教育必须认识到智力的广泛性和多样性，并使培养和发展学生各方面的能力占有同等重要的地位。多元智能理论有助于形成正确的发展观。按照加德纳的观点，学校教育的宗旨应该是开发多种智能并帮助学生发现适合其智能特点的职业和业余爱好。多元智能理论转变、优化教学观。多元智能理论认为，每个人都不同程度地拥有相对独立的八种智力，因此，教学方法和手段就应该根据教学对象和教学内容而灵活多样，因材施教。多元智能理论有助于形成正确的学生观和评价观。

根据多元智能理论，每个人都有其独特的治理结构和学习方法，所以，对每个学生都采取同样的教材和教法是不合理的。多元智能理论对传统的标准化智力测验和学生成绩考查也提出了严厉的批评，学校的评价指标、评价方式应多元化，使学校教育从纸笔测试中解放出来。

（二）内容依托教学理论

1. 内容依托教学的定义

国内的学者在国外研究的基础上对内容依托教学（Content Based Instruction，简称CBI）的定义进行了界定。内容依托教学以学科内容为依托，将语言教学建于某个学科或某种主题内容教学之上，把语言学习与学科知识学习结合起来，在提高学生学科知识水平和认知能力的同时，促进其语言能力的发展。我们将内容依托教学定义为内容教学与语言教学目标的融合，更具体地说是语言和学科知识的同步学习，即内容材料支配下的一系列语言介绍与学习。总体来说，内容依托教学就是把语言学习作为学习内容的媒介，把内容作为语言学习的源泉。它与传统英语教学的不同之处就在于内容依托教学倡导通过主题学习而不是单纯的语言学习来获得语言能力。

2. 内容依托教学的特征

国外学者把内容依托教学的特征概括为以下四个方面：第一，内容依托教学以学科知识为核心，教学内容和大纲应围绕学科内容展开，而不是围绕目标语言的功能、形式或技能进行，学生的语言交际能力是在对学科知识的学习过程中获得的；第二，内容依托教学使用真实的语言材料，教学过程中使用的教

学材料包括课文、音频或视频资料应选自以英语为母语的国家出版的材料，教学活动主要注重理解和传递有意义的信息，用真实的目标语言完成学习任务；第三，内容依托教学应学习新信息，学生在依托教学模式下通过自己已有的知识用英语学习、分析和评价新信息；第四，内容依托教学的课程设置符合不同学生群体的需求，教学中的主题、学科内容、语言材料和学习任务应符合学生语言水平、认知能力和情感需要，并与学生的职业需求和学习兴趣相适应。

3. 内容依托教学的模式

根据不同的教学环境、教学目的，内容依托教学的模式可具体分为三种：第一个是主题式教学，指教学内容围绕某个主题或与主题有关的若干话题进行，语言知识点从属于教学主题，这种教学模式是内容依托教学的最基本形式。第二个是附加式教学，指在正常的学科课程教学的同时，开设以相同学科内容为基础的语言课程，语言课程为专业课程学习服务，虽然教学内容相同，但教学的侧重点不同。第三个是保护式教学，指教师用第二语言对学生进行学科知识教学，教学材料的难度要符合学生语言水平和专业的接受能力。

二、复合应用型人才培养模式的培养方案

（一）课程设置相互渗透，提高学生英语综合应用能力

高年级可以开设诸如"中国哲学与智慧""中国古典文学欣赏""中国近现代文学""西方美学导论""西方哲学概论"等文化选修课。通过查阅资料、撰写读书报告、课堂上做讨论式发言，扩大学生的人文学科知识，培养他们的文化素质。高等院校在制定课程框架设置时，可将各类课程、不同技能的训练有机结合，如阅读课实行读写结合，以阅读指导写作，以写作促进阅读；听力、口语合二为一，语言输入与输出同步进行。

外语教学绝不仅仅是语言知识的传授，更要与文化知识、社会背景等紧密结合，因为语言仅是一种载体，文化知识才是内涵，没有丰富内涵的语言教学必定是苍白的、枯燥的、不受欢迎的。

（二）积极创造条件，利用一切资源，改变学生评价机制

高等院校英语学院应该充分利用系和系之间资源共享、师资共享的有利条件，联合建立"国际贸易英语""旅游英语""涉外文秘英语"等新型专业方向，推行第二专业、辅修专业等制度。但这要求高等院校切实改变对学生的评价机制，施行学分制，适当削弱对考试结果的过分倚重和僵化管理。

(三) 整合中外教师的资源优势，优化师资结构

毋庸置疑，英语外教在英语教学上突出的优势是自身地道的语言表达、轻松灵活的教学氛围和启发式的教学方法。因此，可以采用中国教师和外籍教师相结合的培养模式，根据中外教师的不同特点和优势安排课程。

(四) 在校园活动中融入通识教育

校、系可以组织开展形式多样的学术、文化、科技和艺术活动，定期请知名人士、学者、教授讲学；开展丰富多彩的业余活动，如英语专业技能大赛、英语诗歌朗诵比赛、英语演讲比赛、英语戏剧表演、时装模特大赛、英语征文比赛、经典英语原声电影观摩讨论等，以丰富学生们的专业知识，拓展视野，着重培养学生们的多元能力和积极向上的人格和意志品质。

(五) 建设校内实训基地

首先，可以在实训室安装国际贸易实务实习平台，引导学生进行逼真的商务活动模拟训练。每个学生都拥有一家自己创办的模拟公司，独立在网上虚拟从事国际货物买卖交易。学生在主动学习和实践的过程中，可以逐步养成敏锐的市场意识、良好的商业交往能力以及快速应变、理性分析的综合能力。教师在模拟实习中主要通过系统的教学设计、有目的地不断创设仿真商务场景，促进学生对已掌握的英语知识、国际商务知识和技能的综合运用。

其次，还可以建立校内模拟实训室。让学生多接触外贸企业中真实的应用文献，如一些单证、说明书、手册、专利、合同、广告等。对于一些常见应用文体，如通知、商业函件、个人简历、合同等，学生不仅要会填，而且要写得好。

最后，成立专业教学指导委员会。为加强专业教学和管理，促进专业建设与发展，学校可以聘请企业界的管理人员、专家和行业协会的代表担任委员，成立商务英语专业教学指导委员会，定期举行会议和考察，商讨专业的发展方向，提出建设性的意见，审定专业教学计划，协调管理学生实训，指导学生就业。

(六) 校外实训基地建设

首先，校外实训可以是到实习基地参观、请基地人员现场教学等。校外实训可以安排学生利用寒暑假到企业进行专业认知实习和岗位认知实习，如有能力还可担任兼职业务员，指定老师加强指导，组织优秀学生参与实践，为就业

做好充足的准备。

其次，注重加强校外实践基地建设。校外实训可使学生"零距离"接触生产、建设、服务和管理第一线。实训基地的建设，必须加强与企业的联合、与产业的结合、与社会的融合，保证其科学先进性，使学生参与生产、建设、管理和服务等的实际运作，通过实践使受训者更深刻地了解并准确把握岗位技能、要求、社会环境、市场环境和企业运作管理模式等。校外实践基地是人才培养的重要基础。要充分挖掘资源，与企业加强联系，只有形成以就业为导向，以行业、企业为依托的校企合作、产学结合的教育模式，才能培养出真正意义上的复合应用型人才。

三、英语复合应用型人才的培养

（一）英语复合型人才的特点

英语复合型人才应该具备以下几个方面的特点：第一，扎实的英语专业基本功。这是指学生应该具有准确的语音语调，掌握正确的单词拼写、语法规则，全面具备听说读写译的英语技能和英语综合应用能力。无论培养什么样的人才，扎实的语言基本功都是必须打好的基础。第二，宽广的知识面。英语专业的人才除了需要扎实的基本功外，还需要了解相关学科的知识，不但需要掌握专业知识，还需要掌握与专业有一定关联的学科知识，如经贸、外交、法律、金融、科技等，具体掌握的知识应与地方经济社会发展的需求相适应。第三，一定的专业知识。这是指英语专业毕业生毕业后在工作岗位上可能从事的某一专业的基础知识，这是培养复合应用型人才的基础。第四，综合能力。学生除了应该具备获取知识和运用知识的能力外，还应具备分析和解决问题的能力、自主学习能力、跨文化交际能力等。

（二）内容依托教学（CBI）的优势

1. CBI 有助于培养学生扎实的语言基本功

内容依托教学的特点之一是在教学中使用真实的语言材料，包括英文原版教材、网络资料等，这有利于给学生创设一个真实的、自然的语言学习环境。在真实的语言环境中，学生要结合教师布置的任务、地道的语言输入和有意义的信息传递，这些都有利于语言学习。教师对语言材料的选择应秉持可理解性输入的原则。大量可理解性输入为学生提供了接触英语的机会，有利于学生培养扎实的综合语言应用能力。

2. CBI 有助于提高学生的学习动机和积极性

内容依托教学的另一个重要特点就是课程设置符合学生的需求。学生的专业学习如果能够满足他们日后工作的职业需求，这无疑会增加学生的学习兴趣和积极性，具有应用型的学科知识还要满足学生的认知和情感需求。研究表明，学习动机和兴趣主要来自具有实际意义的、值得为之付出努力的、有挑战性的学习和认知。教学主题、学习材料、任务活动都以学生需求为根本，这有利于提高学生的学习动机和积极性。

3. CBI 有助于发展学生的学习自主性和拓宽知识面

内容依托教学的学习内容是国外英语资料，是新知识，相对于相关专业知识薄弱的英语专业学生来说具有一定的挑战性，需要在课堂学习之前通过学习相关的背景知识帮助理解新的学习内容。学生自己构建自己的知识，为自己的学习负责，学生的学习自主性在这个过程中得到发展和提高。自主学习能力是学生毕业后的终身学习能力，也是复合型人才的综合能力之一，这也是学生积累知识、拓宽知识面的过程。

四、培养复合应用型人才过程中应该注意的问题和解决方式

（一）应着重培养基础扎实、知识面宽、适应性强的复合应用型人才

当今社会，随着对个人素质的要求越来越高，原先那种知识面单一的"专才"培养模式已渐渐被市场淘汰。一些人的旧有观念认为，大学教育就是职业教育，外语专业的学生毕业后只能选择翻译、导游、或教师等行业，不再注重对知识的积累和全面素质的提高。这种现象必然导致其就业面狭窄，却没想到有多少公司白领或 CEO 原本就是学外语出身。所以，我们应该清醒地看到，只具备一点点外语知识，却没有宽广的知识面做基础，将很难适应眼下社会对外语人才的多元化需求。我们的市场经济呼唤全方位、高素质、适应力强、有相当应用能力的复合应用型外语人才。

（二）走出英语人才培养模式的误区

培养复合应用型英语人才不再是培养那种只能进行简单英语对话却不具备独立思考、分析问题、解决问题能力的人。恰恰相反，那些头脑灵活、思路开阔、社会适应能力强的人在实际的工作中更受大家的欢迎。不管是"专业+英语"，还是"专业+第二学位英语"或选修课等模式都不能仅仅理解为只是英语加辅助专业课，或者英语和其他一些相关知识的简单叠加。我们既要保住外语专业学生的优势又要具备一定过硬的专业知识。另外，在培养模式的选择上，还必须根据本校办学的实际和社会需要的实际，创建实事求是的人才培养

模式。

（三）有利于复合应用型人才培养的课程改革

在以往的大学英语教学过程中，难免会出现诸如教学方法太过传统、模式单一、仅以教师本人传授语言知识为主要方式等问题，从而忽视了以学生为中心的原则，学生只能被动接受，减少了他们学习的积极性和主动性，忽略了其创新意识的培养。因此，培养复合应用型英语专业人才就要探索新的教育模式，改革陈旧的教育方法和手段，以社会需求和学生自主学习为中心，积极利用第二课堂、网络资源等使学生进行个性化自主式学习，注重培养学生的自主创新和知识应用能力。

在这个瞬息万变的时代，新老知识不断更新，教育教学改革也是必由之路。进行多元化复合人才的培养迫在眉睫，而我们的英语教学也要围绕这一特点，不断进行实践性的探索和研究。在机遇和挑战并存的情况下，我们不但要树立足够的信心，还要虚心向其他行业精英求教，取长补短，不断探索，全心全意为高等院校外语教学培养复合应用型人才做出自己应有的贡献。

社会对英语人才的要求已呈多元化态势，以往那种掌握外语专业知识和基本技能而别无所长的"纯英语人才"已无法满足社会的需求，市场经济呼唤口径宽、适应性强、有相当应用能力的复合型、应用型英语人才。多元智能理论提出"为了全体学生的发展，为了学生的全面发展，为了学生的个性发展"的教育理念，为我们培养高素质复合型、应用型英语人才提供了有意义的借鉴。高等院校应借鉴多元智能理论，从教学资源配置、课程结构、师资力量和评价方式等方面进行探索，致力于培养具备国际视野、跨文化意识、人文底蕴出色的高素质复合型、应用型英语人才。

对于商务英语这个较新的专业，要紧紧围绕培养复合应用型人才的目标，采用行业先导、工学结合的人才培养模式，把握实践性和实用性的专业特色，坚持英语交际能力和商务知识、商务操作技能并重的原则，将商务英语专业办出特色、办出水平，培养出有特色、高素质的复合应用型商务英语专业人才，实现可持续发展。

第八章 商务英语人才培养的实现路径

商务英语人才培养的实现路径非常多，本章主要论述了以下路径：增强学生的跨文化意识、不断完善商务英语课程的设置、培养商务英语专业复合型教师。

第一节 增强学生的跨文化意识

在《文化的定位》一书中，后现代思想家霍米·巴巴（Homi K. Bhabha）一开始就对传统的文化界限提出了挑战，认为在我们这个时代，文化的问题应该定位在"超越"上。这个超越既不是否定过去，也不是开发一个新的地平线，而是在同与异、过去与现代、内与外、局内与局外的交叉点上产生一种居中状态。霍米·巴巴的第三空间概念对于我们营造新的大学文化，培养和造就适应新形势下具有国际视野、能够面对新的国际挑战的外向型人才具有很大的启迪意义。

随着全球化的推进，英语已经成为全球通用语言，尤其是在国际商务语境中。各国文化之间的交流与沟通日渐频繁，过去的文化封闭现象已很难再现。因此，如何打破传统学科局限，培养学生的跨文化意识，增强学生与社会的交往，增加学生的实践机会，成为新形势下我们需要考虑的问题。面对全球化带来的新变化和上海市的经济发展战略，上海对外贸易学院根据自身办学特点，提出了人才培养目标：为国家培养具备在经济全球化条件下从事对外贸易事业的基础理论知识、实践能力、创新能力、创新精神、国际视野、职业素养、社会责任意识、德智体美全面发展的高素质应用型专门人才。其路径是立足专业领域，通过知识传授，强化实践能力和综合素质培养，不断探索创新应用型国际经贸专门人才培养模式。

要想达到这个目标，就需要我们对自身的办学定位进行深入思考。学科是人才培养的载体和平台。在传统的教学理念中,学科发展是各个大学需要考虑的重要方面。然而,高校对学科发展的思考越深,所面临的问题也就越多,因为现代大学教育与传统大学教育相比已发生了很大变化:一方面是精英教育向大众教育的转变,另一方面就是如何培养适应社会需要的人才。就涉外商科大学而言,如何审时度势改革人才培养模式,需要进行深入的思考。美国有 1/3 的企业都是靠国际贸易赢利,4/5 的新工作都在对外贸易上,而美国的海外投资则高达 3 000 亿美元。

国际贸易额的逐年递增意味着什么?它意味着高校的人才培养目标要随着国际环境的变化及时进行调整,要培养外语好、精通国际贸易规则的专门人才,要朝培养复合型人才的方向发展。为此,要打破传统的学科界定,走学科交叉的道路。有学者认为,这是一个十分现实但又受到最少关注的问题。因为一旦传统的学科得以确立,它就与知识和权力纠缠在一起,学科的分野垄断了话语权。从人文科学的发展来看,交叉学科本身就是对自然科学各种范式的一种挑战。但如果不走交叉学科,就很难适应现代化的需求。

著名翻译理论家、比较文学专家、华威大学副校长苏珊·巴斯奈特(Susan Bassnett)就曾发出感慨:到了 21 世纪,人文科学还有希望吗?在论文中,巴斯奈特对传统的人文学科,尤其是文学研究和外语教学进行反思,认为当今学生尤其是人文学科的学生,只有走跨学科之路,掌握广博的知识和多方面的技能才能焕发活力。她认为,现代的语言教学并非走向衰败,相反倒是散发了活力,因为它成功地融合了国际商务、法学、经济学、政治学、历史学等。复合型课程扩大了学生的知识面,增强了学生的跨学科思维能力,使学生意识到,在当今世界发展中,语言、文化、实践等都是生存的重要条件。实际上,跨学科一词中的"跨",其本身就体现了中间性和模糊性。它既有"合"的意思,如"国际"和"交往",也有"分"的意思,如"间隔";它既可以为不同的学科架设桥梁,又可以超越现有学科界限。正因为它存在模糊性,也有学者提出应该使用"超学科""多元学科"和"后设学科"等词取代"跨学科"一词。然而,跨学科之所以受人关注,在于现代学科发展的灵活性和不确定性。一方面,它对传统学科的既得利益提出了挑战;另一方面,它又使人们从传统学科的象牙塔中走出来,转而关注社会现实需求。随着经济全球化的不断扩展,传统的大学教育已经向全球靠拢,并对人才培养提出了特殊要求,那就是要具有全球视野和良好的沟通能力。在传统人才培养中,人们十分关注智商和情商,现在人们意识到"文商"正扮演着越来越重要的角色。一个人要想成功,应该具备多方面的才干,包括智商(EQ)、情商(IQ)、文商(CQ)和合理的动因等。

学术界对智商和情商的关注和研究很多,但对"文商"的关注还比较少。然而,从当今世界的发展趋势来看,重视文商已显得相当重要。《哈佛商业评论》就曾提到了文商的重要性。文化智商主要由文化体验构成,包括国外就业、国外学习、国外工作和其他国外经历四个方面。

强调文商的目的是因为随着经济全球化来临,经济发展已经不再是一个国家的单一行为,而是全球一体化所带来的交叉行为。"全球村"的概念使传统的国际商务内涵扩大,跨国公司和跨国企业无所不在,各种文化之间的交往日益频繁,这不仅仅是不同语言之间的沟通,更是不同文化观念的交互和理解,这些必然会为传统的大学教育带来新课题。在传统大学教育中,学科划分过细、过于刻板,割裂了语言、文化和国际商务之间的关系,并将它们对立起来。考察国外大学的发展历程可以发现,现代大学的发展非常强调国际化办学,强调学生的跨文化沟通能力和应用能力的培养。

在《高等教育的反思性转折:面向学生发展的跨文化理论》一文中,我们提出,为什么有的学生能够适应大学机构的文化,有的却不能?如何解决学生的"参与"问题?因为学生的参与不仅可以让学生在大学期间取得成功,而且大学也可以想办法提高和培养学生的应用能力。从理论上看,现代文化是霍米·巴巴所提出的混杂文化。随着跨国公司的不断发展壮大,跨国公司内的跨国知识转让、跨国管理思维方式的转变、在确定知识和管理技术中所涉及的地缘政治与权力,还有跨国管理中的话语问题等,都是全球化带来的需要思考的问题。大学教育不可能再局限在象牙塔之内,在《大学资本主义和新经济:市场、国家和高等教育》(*Academic Capitalism and the New Economy*: *Markets*, *State and Higher Education*)中,斯洛特(Slaughter)和罗得斯(Rhoades)将大学资本主义从理论上加以阐述,认为其本身就是一个新的知识和学习体。不过在他们的研究中,他们将学生的角色主要看成教育的消费者,2008年,他们根据新的研究修正了以前的观点,认为在大学教育体系中,学生也可以成为企业家,跟教师的角色一样。也就是说,学生不再是简单的大学资本主义商品化了的牺牲品,而是大学机构或政府机构的受益者,可以得到各种机构的直接支持去创业。从被动接受教育到主动创业,反映了教育观念的转变。学生在受教育过程中,可以充分利用自己的语言和沟通能力优势结合跨学科知识,组建自己的公司和开发自己的产品。就美国的大学教育而言,他们已经意识到了学生实践在课堂之外的重要性。

美国著名的考夫曼基金会(The Ewing Marion Kaufman Foundation)不断向大学教育提供创业资助。2003年,考夫曼基金会向8所大学各类学科捐赠了2 500万美元作为创业奖励。2006年,基金会又选择了另外9所学校,追加捐赠2 550万美元鼓励跨学科创业。在斯洛特等人的研究中，他们选择了两所大学为对象，研究学生在创业教育过程中如何从被动的接受教育者转变为主动寻找机会，充分利用教师传授和自己掌握的知识发挥主观能动性，这说明市场这只"看不见的手"已经渗透到大学教育之中。他们选择的研究对象是爱荷华大学的生物新技术公司和德克萨斯大学的玛雅颜料公司。两个公司都跟大学教育密切相关，而且都是跨学科的产物。从大学方面来说，两所大学都鼓励学生将课堂所学知识和社会实践结合起来，而且都有一个很好的激励机制，那就是无论学生的论文和实际创造的效果如何，他们都不占有学生的知识产权，学生在学习中获得的知识和利用这些知识创造的任何成果都属于自己。

学校的收益主要体现在以下方面：一是学生创业的市场成功强化了商业创新氛围，可以产生创业教育链；二是学生创业可以推动当地经济发展，从而获得当地政府扶持；三是创业教育的成功也可能赢得社会捐赠的增加，如果学生的创业持续成功，就有可能带来新的创业基金；四是学生的成功创业可以吸引其他志趣相投的学生共同参加。

生物新技术公司的创业者原先学的是传统科目工程学，但是在工程学课程体系中也包含了知识产权和市场营销类的课程。作为学生，他们意识到了营销的重要性，首先，创业者必须把工程概念推销给寻求项目的投资者，并要面对现今的国际市场。在爱荷华大学，每学期约有1 000名学生选修创业课程，学校的创业课程包括企业技术应用、创业市场、技术与创新战略市场、创业咨询和高级商务策划等，这些课程将学生带到了现实环境中。而玛雅颜料公司的创意则来自古代玛雅人的颜料技术，这些技术通过德克萨斯大学材料和技术研究所的实验室研究被重新发现。玛雅颜料公司的实践成果突出显示了"教"与"学"互换的结果。在课堂上，教师先讲授独特的技术和有创意的研究成果，接下来就向学生讲授如何将成果市场化，让学生参与其中。"教"与"学"一直是课堂教学的重要组成部分，但是将学生与教师的对话和成果转化为市场开发却是经济全球化以后人们对市场开发的重新认识。这一过程给传统的教育模式和我们提倡的实践活动提出了很多富有建设意义的思考。

首先，这些创业实践教育展示了新的学生形象，他们的出现离不开大学教育，他们的成功在于打破了传统的学科界限。在对大学资本主义进行重新解读之后，我们会发现学生是大学资本主义潜在的创业者、能动者、受益者。第二，在鼓励学生创业、发挥其自觉能动作用的过程中，大学不要过分地追求占有学生的知识产权，要充分发挥学生的积极性去创造财富。第三，学生的创业结果是课堂内外合理布局和有效结合的产物。第四，学生创业成功也促使大学进一步思考课堂内外教学之间的关系，尤其是各种不同学科之间的结合，使学生的思维从单一型向多学科、多维度方向转化，使大学教育更加符合社会需求，也使未来的大学生能参与到实践之中，成为对社会有用的人才。

在这些成功的故事背后，我们看到的是大学教育观念的转变，也是社会发展改变人才培养方式的结果。作为应用型人才的培养，尤其是具备从事国际商务类的跨文化、跨学科能力的人才培养，知识结构和跨文化沟通能力扮演着非常重要的角色，这要求涉外商科院校学生在语言、文化和专门知识上打下扎实的基础，彰显特色。大学创业教育的关键是创业意识，强调的是沟通能力和自主能力。美国著名的《华尔街日报》多次提出，在国际商务中，雇主需要的就是口头交际能力，这是人们在现代社会生存的基本。雇主之所以提出这种要求，就是因为雇主希望自己的员工能够拥有较强的跨文化沟通能力，在写作、话语和交际过程中能够得心应手。美国著名的沃顿商学院甚至从新生入学开始就强调沟通的重要性，并为此设计出跨课程体系的沟通运动。经济全球化带给语言文化的一大影响是英语已成为国际商务活动的通用语言。因此，英语专业的实践能力重点强调的是让学生了解国际商务知识，加强他们在实际商务实践中运用英语进行有效沟通的能力，使他们能够真正胜任国际商务环境的需要。

当然，这里涉及的是国际视野中的文化，对本国文化暂不考虑。只有在涉及跨文化理念时，才会综合考虑这些因素。实际上，通过课堂教学不断向学生灌输各种文化理念，同时也设法使理论与实际相结合，不断扩大对外交往，通过和国外大学进行学生学分互认形式，让学生走出国门，到英国、法国、澳大利亚、美国、日本、德国等国家去进行为期一学期、一年甚至更长时间的学习，目的就是为了让学生通过实地体验，掌握他国文化，将课堂上的知识与实际结合起来，并将之运用到跨文化商务分析中，使学生真正受益，这也是国际上培养跨国文化知识的通用办法。

第二节 不断完善商务英语课程的设置

一、商务英语课程的三大模块

由于我国高校的学生几乎全部都从高中升上来，因此，大学商务英语教学面对的是没有工作经历的学生，这些学生并不清楚应该重点掌握商务英语的哪些内容。这就要求商务英语的教学工作者根据就业方向和环境为他们设定商务英语学习的重点。一般情况下，商务英语课程的设置，可根据商务英语教学的内容分为三大模块：

（一）基础语言技能

代表课程有英语听力、商务英语口语、英语公共演讲课程等。课程目标是培养学生听、说、读、写、译等基本语言技能，使学生掌握较强的语言沟通能力。

（二）商务知识

代表课程有商务英语写作、商务英语翻译、外贸函电课程等。课程目标是使学生了解基本的商务知识，为将来从事与商业活动相关的工作打下坚实的基础。

（三）文化知识

代表课程有英语国家概况、商务交际英语、商务英语礼仪课程等。课程目标是向学生介绍有关跨文化交际、英美等国经济状况等知识，增加学生的文化知识。

二、商务英语的主要公共课

（一）《经济数学》

设置该课程的主要目的是为国际金融等专业课程打下良好的基础，使本专业学生在顺利完成后续课程的同时提高逻辑思维能力。

（二）《大学英语》

设置该课程的主要目的是为专业英语打下良好的基础，使本专业毕业生具备借助工具书阅读与专业英语相关的资料的能力和一定的表达能力。

（三）《大学语文》

设置该课程的主要目的是为本专业学生打下良好的语言基础，具备良好的语文听说读写的能力和对文学的分析能力，使学生具有良好的文化修养和人文精神。

（四）《计算机应用基础》

设置该课程的主要目的是使本专业学生掌握计算机基本操作，熟悉处理文书工作中常用的各种办公软件,使本专业毕业生在工作和学习中可以比较熟练地使用计算机。

三、商务英语的职业基础课

(一)《国际贸易实务》

该课程主要涉及实务的基本知识,其中包括进出口业务常识,如价格术语、商品描述、国际货物运输、保险、进出口商品的价格、货款支付、索赔、仲裁、进出口操作程序和单证等。《国际贸易实务》这门课,主要是让学生了解进出口贸易中必备的基本知识,使学生在学习《外贸英语函电》等课程时,得心应手。

(二)《市场营销》

该课程主要使学生树立正确的营销理念,在以后的商务活动中能应用市场营销的基本策略。本课程让学生了解市场营销系统、营销环境对企业营销活动的影响,掌握市场营销、市场细分、市场定位、产品生命周期等基本常识,熟悉目标市场营销、营销组合和各项具体策略综合运用的基本方法。

(三)《国际商法》

通过对本门课程的学习,使学生在掌握基本的法律常识的同时,进一步了解国际商法以及它们在经济中所起的作用和法律的重要性,为以后的就业培养良好的专业意识。所谓国际商法,是指调整国际商事关系和联合国际商事组织的法律关系的总称,包括多种法律法规,如国际贸易法、公司法、联合国国际货物买卖合同公约等与国际商事贸易有关的国际法律,是商务英语专业学生必须学习的课程之一。

(四)《商务英语基础》

本课程着重于培养学生在各种商务活动及日常业务中英语语言的应用能力,课程内容多与商务活动紧密相连,用于培养学生在一般商务活动及公务活动中运用英语进行听、说、读、写的能力,是一门专业核心基础课程。学习本课程后学生应比较熟练地掌握商务活动中的常用英语,通过商务信息阅读,掌握一般英语语法知识和商务活动相关词汇,学习一般商务知识,了解常用商务英语文件格式及写作方法。

四、商务英语的职业技术主干课

(一)《商务英语视听说》

本课程通过系统、深入的视听说训练,全面提高学生的听、说能力,针对学生在英语听力学习中的难点、重点进行反复训练,使学生听懂难度更大的听力材料,理解中心大意,抓住主要论点或情节。学生学习本课程后应掌握常用英语的新闻词汇,熟悉教材中各类题材出现的常用词汇和典型词句,同时还要掌握常用的各种听力技能和策略。

(二)《商务英语口语》

本课程要求加强培养及训练学生语言知识的转换能力,使学生通过读、听获得知识、信息和语言,经过思维,在原有知识及语言的基础上对所获得的内容和语言进行加工和重组,赋予新的内容,然后输出,从而完成交际的全过程。本课程着重培养学生对语言的综合运用能力,其中包括表达模式、口语技能训练、话题讨论。

(三)《商务英语阅读》

本课程是培养学生掌握阅读和理解商务英语文章的基本技能,获取商务信息的基本能力。为进一步学习后续的商务英语课程,毕业后成为适应社会需要的应用型涉外商务工作者打下坚实的基础,通过学习有关的商务活动的实用语言材料,学生应熟悉主要的商务英语文章类型,提高阅读商务文章的能力。通过学习,学生应进一步提高基本的听、说、读、写、译的能力。

(四)《商务单证》

本课程根据单证工作技术性、政策性和操作规范性都很强的特点,对进出口贸易操作中各项单证的种类、作用、内容缮制方法及缮制中应注意的问题加以详细介绍和说明,同时介绍制作各类外贸单证的相关知识及有关国际贸易惯例。通过对本课程的学习,学生要掌握对外贸易单证的操作流程,以及各种外贸单证的制作方法及制单技巧,并能够独立制作和审核各种外贸单证。

(五)《商务谈判》

该课程系统地介绍了国际商务谈判中应注意的重要问题,如制订目标、配备人员和确定策略等。学生通过对本课程的学习,可以掌握涉外谈判的具体内容：货物买卖谈判、投资谈判和技术贸易谈判，分别代表有形贸易谈判、融资谈判和无形贸易谈判。

第三节 培养商务英语专业复合型教师

伴随着经济全球化的发展，国内外的交流日益广泛且程度不断加深，复合型人才越来越重要，这就要求学校必须有一支德才兼备的复合型商务英语教师队伍。跨学科知识是指除英语语言文学以外的任何一门商务学科，如经济、管理、国际商法、心理学等，因此，商务英语教师需要提高英语专业知识结构，需要具有较强的英语语言文化能力、广博的商务知识和跨文化认知能力、跨文化沟通技能。

商务英语教师的专业技能，并不是简单地将英语与国际贸易相加，而是有机地结合在一起，在商务英语的世界里，英语支撑着国际商务，而国际商务又以英语为载体。所以，商务英语教师的专业技能与素养是不可简单被代替的。

虽然商务英语在目前阶段不可被英语加国际贸易代替，但是可以对这两个方向的人才培养后加以利用。中国商务英语的起步比较晚，到现在为止还没有形成一个完整的体系。但我们可以借助后发优势，对学习英语与国际贸易的教学水平与经验比较丰富的教师进行交流培训，对其学科发展过程中的经验教训加以总结，结合自身特色加以发展，然后再进行整体的系统培训，真正地使国际贸易与英语有机结合起来。

一、提高基本素质

关于教师素质的概念，至今没有统一的界定。但是一般认为，教师的素质指的是其综合素养。商务英语教师的素质与其他学科教师的素质有相似之处，也有其特殊性，包括多方面的内容。

第一，商务英语教师的思想道德素质和文化素质。教师的思想道德素质即师德，是衡量教师是否热爱祖国的教育事业、包容异语文化，能否塑造学生美好灵魂的尺度。教师的文化素质，直接影响其观察、认识和判断事物的能力，进而影响学生辨别真假，区分良莠的能力。

第二，商务英语教师的教育思想和教学理念。商务英语教师的教育思想直接影响教学对象的发展过程和方向。教育部对教师的教育思想和教育观念提出了具体的"三个转变"，即要把唯社会价值或唯主体价值观念转变为在满足社会的前提下，充分尊重人的主体价值，使社会价值与主体价值协调平衡的价值观；要把传统的知识价值观转变为含知识、能力等智力因素与非智力因素全面发展的素质教育观；要把急功近利的教育发展观转变为可持续发展的教育发展观。这就为实施素质教育指明了具体的、明确的方向。商务英语教师要心系祖国，放眼世界，既要有坚定的国家意识，又要有宽广的国际视野，要具备敏感的跨文化交际意识。教师教学理念的不断更新，是保障教学实效性、鲜活性以及先进性的关键。

第三，商务英语教师要有积极的情感态度、坚强的意志和坚定的自信。因为学科的特殊性，商务英语教师既要对英语国家的社会与文化兼收并蓄，又要有敏锐的解析能力，以便在浩瀚的英语学习资源中，择宜、择优、择益。要有坚定的社会主义立场，同时对英语国家先进的文化投以欣赏的目光，引为己用。从一定意义上讲，商务英语教师就是代表祖国的外交工作人员，对异国语言与政治、经济、文化等要多包容，同时又要不卑不亢，并对学生加以正确引导。商务英语教师的态度和立场直接影响着学生对英语语言与文化的兴趣和学习动力。

第四，商务英语教师要有丰富的英语语言知识和扎实的英语语言技能。商务英语教师的示范作用比其他学科更显著。很难想象，一个语言功底薄弱的商务英语教师能帮助自己的学生在英语学习方面有所建树。

商务英语教师要牢固树立自我发展意识。大学商务英语教师由于平时教学任务繁重，如果没有较强的自我发展意识，就很难抓住发展的机会实现自身水平的提升。自主发展意识是大学商务英语教师自我专业发展的内在主观动力。只有具有自主发展意识的教师才能有意识地寻找学习机会，不断丰富、更新自身的知识结构，促进自身的专业发展。教师发展不是一个自然的成长过程，只有具有自主发展意识和能力的教师才能自觉地不断促进自我的专业成长。大学商务英语教师要通过培育专业理想，不断强化对外语教育教学工作的强烈的认同感和投入感；要在了解了自己的专业水平，认识到自己专业发展的优势和不足的基础上进行自我发展设计和职业规划；要不断激发理想追求、挖掘自我潜能、构筑自我发展平台，创造自我发展机遇、争取自我发展成功。

要强化职业尊严。全社会都尊重教师，广大教师更应该自尊自励，努力成为无愧于党和人民的人类灵魂工程师。大学商务英语教师只有不断强化自我发展意识，加强师德与师能建设，保持开放互动的心态，妥善处理与学生、与同行、与学校、与社会的各种关系，做到为人师表，才能获得学生的尊重，得到学校和社会的认可，也才能在商务英语教师这个岗位上自得其乐，享受职业尊严。

第五，商务英语教师的学习和教学策略。在这个学习型的社会里，终身学习是每个现代人必备的本领，商务英语教师身兼学习者、教学者和研究者的三重角色，要克己勤奋，不断学习，拓宽自己的知识领域，深入探索本学科及相关学科知识。授人以鱼，莫若授人以渔。教师要把学生培养成自主学习者，就要引导他们制订学习策略。教师首先必须不断完善自己的学习策略和教学策略，提高自己的学习能力。与教师拥有的知识量相比，策略素质显得更加重要。

第六，商务英语教师要有科学的创新精神。教师是引路人，要引导学生进入科学殿堂。崇尚科学，弘扬科学精神，进行科学创新，是教师的主要职责。商务英语教师要敢于探索，勤于实践，不断在教学方法和行动研究中有新的发现、有新的建树，做知识的评判接受者，不做知识的传声筒。

第七，商务英语教师的科研水平。教师是融教、学、研为一体的实践者。教师要经常参加团体学习、集体备课、教研室讨论等集体学习活动，不断与同事交流，加强与同事的沟通和合作能力。

二、提高人文素质

（一）对商务英语教师人文素质的要求

一般看来，实施素质教育，培养人文素质，主要以学生为对象，使学生具备人文素养和人文精神。然而，在师资建设的过程中，教师也应该具有人文素质、人文精神，大学英语师资建设的指导思想也应该充分考虑培养教师的人文素质、人文精神，具体体现为：

1. 增加人文知识的学习

人文知识既包括历史、哲学、艺术、文学等方面的知识，也包括日常生活中的感性体验。提高教师自身素质，不仅仅体现在教学技能和英语应用能力的提高上，也体现在作为文科教师人文知识的积累中。在对大学商务英语教师进行培训的课程中，有必要增加人文知识的学习。只有教师拥有了丰富的人文知识，才能将其传授给学生。

2. 增强对人文思想的理解

人文思想以人为核心，关注人的成长和发展。教师的培养过程要注重教师个体的差异性，不能强求用一种方式来培养教师。

3. 使教师学会人文方法

人文方法是具有个体性特征的方法。大学英语教学方法不是固定的，而是应该结合教师和学生的特色形成的方法。大学商务英语教师在教学过程中要充分认识到学生的个体性和差异性，采取因材施教的教学方法。

4. 促进教师人文精神的增长

人文精神是人文素质的核心，也是师资建设中的重中之重。人文精神是一种人本精神，以人为本位，以尊重人为要求，以实现人的自身价值为目的，体现一种全面而自由的精神。

5. 促使教师在教学过程中实践人文行为

经过培养，教师的人文素质最终要体现在行为中，以行动实践人文素质。

以上五个方面是人文素质的重要内容，各个方面相辅相成，构成整体，其中人文精神的培养是核心。此外，作为教育者的大学商务英语教师还应该具有以下人文精神：高度的教育使命感和社会责任感、平等民主的理念和关注生命的意识、渊博的知识和高雅的审美情趣、超越功利的清高和独特的人格魅力。大学商务英语教师作为教师群体的一部分，承担着教书育人的重任。大学商务英语教师除了要教给学生英语专业技能外，也要教会学生如何做人以及做什么样的人。教师应该成为学生的楷模，言传身教中使学生学得人文精神，作为教育者，大学商务英语教师应该认识到自身的使命感和责任感。

此外，人文精神的重要体现是平等、民主、自由以及对个体生命的关注。大学商务英语教师应该认识到教师和学生之间的平等关系以及学生和学生之间的平等关系，在教学中不能以自己为主体，而应该充分考虑学生的看法和意见。对于学生的不同看法，教师应该在尊重学生看法和意见的前提下，对学生提出建议，要体现思想自由、表达自由的精神。大学商务英语教师一般承担着全校的大学英语课程，接触的学生来自各个不同的专业，学生看待世界的视角往往与所在的专业领域有关，因此，大学商务英语教师更应该对学生的想法、观点保持开放的态度。另外，学生终归是要受到教师影响的，教师的能力和素质会对学生的世界观、人生观和价值观的形成产生重要的影响。大学商务英语教师在教给学生语言技能的同时，也应该培养学生的审美情趣，教会学生认识世界的能力。

(二) 提升商务英语教师人文素质的途径

1. 构建培训体系

校本培训主要是指以学校为基本单位，以学校的需求和教学方针为中心，以提高教师的业务水平和教育教学能力为目的，面向教师的一种学习培训方式。校本培训作为一种教师继续教育的重要形式，比较符合大学商务英语教师教学任务繁重、经费短缺、难以全脱产培养等实际情况，是一种与离职培训优势互补的运作方式。加强校本培训是大学商务英语教师专业发展的重要保障，也是提升大学商务英语教师人文素养的重要环节。

(1) 要转变培训观念

当前，高校已经较为重视大学商务英语教师的专业发展，大学商务英语教师专业发展的研究与实践也都有了一定的规模和层次。但总体而言，现在的大学商务英语教师专业发展基本上是以强调弥补商务英语教师教学的技巧性和英语专业知识方面的欠缺为出发点，以获取学历学位、晋升专业技术职务为目标，以强调教师个体的、外在的专业学习为主要方式，这种培训与提升大学商务英语教师的人文素养关系不大。高校需要及时转变培训观念，把人文素养纳入专业发展的体系之中，把大学商务英语教师的专业发展与大学英语课程、大学生成才、大学商务英语教师的自我需求联系起来，不断加强人文知识积淀，自觉实现人文素养的意识内化和行为实践。

(2) 要加大培训力度

学校层面要充分重视大学商务英语教师队伍中青年教师和女教师比例高、学历层次偏低、流动性大的特点，体谅他们在工作、学习、生活中的困难，在岗位设置、工作量计算、教学安排、职称评审、国内外进修等具体问题上采取政策性倾斜，尽力创造条件，为大学商务英语教师创造重新学习的机会，通过包括考硕考博、在职攻读研究生课程、进修学习（包括出国学习）、举办一些强化辅导培训班等方式，针对不同年龄段和不同学位层次的教师进行不同的培训，尽快使大学商务英语教师的学科和跨学科知识结构充实完善起来，使他们安心工作，潜心钻研业务，提高教学水平，而不能使他们长期超负荷运转，影响其自身业务水平和教学质量的提高。要加强对教师的人文教育学习，始终以正确的人文思想引领教师，为教师的专业发展奠定基础。要加强师德、师风建设，规范教师职业道德行为。要帮助教师更新教育思想，树立新的教育观、人才观、质量观，牢固确立面向全体学生、促进学生全面发展的教育思想。另外要发挥二级院系的作用，加大学术交流的力度，多组织一些校内外专家进行专题讲座，指导发展活动，加强中外籍教师的合作与交流，组织教师与外校外语教师、国内外的外语专家学者进行交流，拓宽视野。要规范教学管理，通过组织学习、检查，将教学常规内化为每个教师自身的教学需求，并做到常抓不懈，有效地规范广大教师的教学行为，提高全体教师的教学规范意识，以促进教师专业品质的形成和发展。同时，承担大学商务英语教师培训任务的高校和单位也要创新人文培养方式，设定人文培养方案、安排人文课程，切实增强人文教育的培养效果。

2. 要优化人文环境

大学商务英语教师人文素养的提高，离不开良好的校园文化环境。要高度重视大学商务英语教师人文素养的提升，建立人文素养提升的考核机制，确保大学商务英语教师人文素养提升的计划落到实处。要营造民主、和谐、公正、公平的人文工作环境，在教师聘任、分配、进修等制度方面，要本着人文主义精神，充分考虑教师的实际需求，充分体现教师的主人翁地位。要经常组织开展读书会、中外文化节等文体活动，建立温馨、融洽的人际关系，构建和谐的校园文化，增进教师身心健康，促进教师人文素养提升。要建设人文校园，加大办学目标、办学理念、办学特色等校园文化建设力度，注重引导教师的思想和行为，在潜移默化中对其产生影响，促进大学商务英语教师人文素养的提升，使其内心深处产生价值认同并能自觉践行。

3. 努力拓展自我提升的途径

加强继续教育过程中的人文素养提升，要结合外出培训学习、攻读学位等方式，准确把握当今经济社会和科学文化的发展动态，主动学习教育学、心理学和语言学等理论知识，吸收先进的教育理念，依据自己的实际情况选读和精读中外名著，加强对文史哲等知识的涉猎，深入学习和了解中西方不同的历史文化、语言习惯和民俗风情，自觉传承人类文明的精髓，从中汲取人文精神的营养，丰富自己的人文底蕴，不断增加人文思想的深度和厚度。要注重教学过程中人文资源的挖掘，教材中有很多人文知识教育的资料，大学商务英语教师要充分挖掘大学课程中的人文内涵，深入理解语言知识中所蕴藏的人文背景，准确把握课程中的真善美意蕴，将要传授的语言知识、要培养的人文素养潜移默化地渗透于教学过程之中，通过人文课堂的实施不断提升自己的人文素养。要在专业发展中注重教学反思。教学反思是指教师对自己教学行为以及由此产生的教学效果进行审视和分析的过程，其实质是一种人文理解和教学实践之间的对话，是一种崇高的人文活动和教学创新的前提。只有经过教学反思，教师的教学经验才能上升到一定的教学高度，并对以后的教学实践产生作用。

因此，大学商务英语教师应经常反思自己的教学过程，反思中西文化的差异，反思自己的职业价值观，反思教学效果，在反思中领会和参悟大学英语教学的人文价值，不断达到扩展心胸、净化心灵、提升境界的效果。

4. 开展合作交流

开展合作学习与交流，是大学商务英语教师专业发展的有效手段，也是提升其人文素养的基本方式。

对于各高校众多的大学商务英语教师而言，更要强调教师之间的伙伴关系，以及在伙伴关系基础上形成的真正的分享与合作，这是一种建立在信任、尊重和交往基础上的合作。可以通过集体备课、相互听课观摩、参加教学比赛、参加学术会议、参与课题组织等形式，加强彼此间的理解和认同，在比较和鉴别中发现自身的不足,借助他人的引领,提高自身修养水平。但新的教学观念更为强调同事之间合作教学,倡导建立学习型组织,创设促进教师间交流合作的氛围和机制,为教师之间相互反思以及合作创造机会,促进教师的共同提高和发展。大学商务英语教师的人文素养提升绝不是孤立的发展行为,因为个人的理论视野和创新能力总是有限的。通过互助合作,融入教育组织不仅可以加速教师人文提升的进程,还可以克服教学环境中的负面影响和孤立感。

与专业课教师组建众多的科研团队等情况相比,大学商务英语教师的合作交流与团队意识则相对较弱。一方面,大学商务英语教师可以建立学习工作坊,经常开展经验教师示范课、教学心得交流会、听课观摩、课题研究、项目合作、集体备课等活动,这样使自己有机会与其他教师密切交往、互相学习、保持良好的人际关系,从而有益于教师的身心健康和专业提升,也可以根据外语教师的特点,在同事之间成立口语学习小组,努力提高口语能力。需要注意的是,合作学习与交流必须防止流于形式,要注意在合作学习交流中更直接、更真实地了解他人的思想和观点,提出解决问题的过程等。同时,自己也要主动说出问题、困难、感受、见解和创意等,从而实现与他人的相互交流、沟通,加强与他人的情感联系。另一方面,大学商务英语教师也要设法走出校门,参加会议交流、加入外语教育专业组织,与外校外语教师、国内外的外语专家学者进行合作教学与研究,不断拓宽理论视野,提高创新能力。

5. 随堂日志选编

营造适应人文教育要求的大学英语师资队伍需要理论支撑,更需要实践历练。作为一名商务英语教师,从工作的第一天开始,我们就要将人文教育融入大学英语的教学实践之中,尝试以自己的言传身教来培养大学生的人文精神。

三、提高信息技术素养

（一）对计算机素养的要求

多媒体背景下的教学需要老师学会使用一些基本的信息技术操作。无论是微课的录制、学习平台的使用,还是课堂内进行及时的检测和反馈等,都需要教师在电脑上来完成。更为重要的是,教师的信息技术素养意味着更好地实现预定的教育教学目标,教师要知道什么时候需要使用信息技术,什么时候不需要使用信息技术,什么时候需要使用什么样的信息技术等。教育教学的技术、形式和策略,都服务于教学目标和目的。

信息技术背景下,可以由计算机完成的工作和任务,就交给计算机完成。教师需要从事的应是计算机不能替代的工作,是更具实质意义的、更为创造性的劳动。在人类发展历史上,以蒸汽机的出现为代表的第一次工业革命,解放的是人的体力,机器所能够完成的更多的是人的体力劳动的工作;而今天,以计算机为代表的第二次工业革命,可以解放人的部分脑力劳动。在微课和翻转课堂教学领域,学习平台可以自动记录统计学生的学习情况,分析学生作业的完成情况,这就可以将教师从机械地批改作业的状态中解放出来,让教师有更多的时间和精力与学生深入交流、精心备课等,从事富有创造性、更具有真实价值和意义的劳动。

(二) 提高信息技术素养的方式

不断地学习、实践和反思,是教师专业发展的基本路径。在信息技术的背景下,教师的成长和发展也无外乎如下几种方式。

1. 线上学习和线下学习相结合

互联网背景下,网上学习资源非常丰富。不管是专家学者的理论著述,还是同行教师对教育改革的实践感悟,乃至同行备课的课件资源、微课资源等;也不论是视频形式的资源,还是文字图片形式的资源,网上都能找到。在网络上,针对一个话题,教师同行之间的交流和研讨更为自由,也更能够表达心声。所以,在"泛在学习"的时代,只要教师想学习,随时随地都可以进行,这是互联网为学习提供的便利条件。在线上学习的同时,和同伴的研讨、和专家面对面的交流等线下学习亦是不可缺少的形式。

2. 理论学习和实践反思相结合

面对一个新的事物,观念的更新、理念的引领是非常重要的。当然,理论愈普适,其抽象度就愈高,针对性就愈弱。而教育教学具有很强的实践性,每个地区、每所学校、每间教室、每个教师和每个学生都不同,没有一个理论和模式能够指导所有的实践。所以,在有了理念引领的基础上,一线教师需要根据本校本班学生的情况,进行创造性的实践探索并及时总结和反思实施的成效。比如,以视频的方式进行教课,取得了哪些好的成效,有哪些不尽如人意的地方,原因是什么,如何改善等,只有及时总结和反思并能在以后的实践中不断改进和完善,教学视频质量才会逐渐提高,学习视频制作的成效才会逐渐提升。

3. 校内探索与外出观摩相结合

认准的事情,需要静下心来,认真实践,不断反思和总结。与此同时,走出去,看看全国其他地域同行的视频是如何制作的,无论是观念和理念上还是实践操作的具体方式方法上,或多或少会受到启示,以此不断改进自我的实践。不同和差异较大的事物会更有利于引发主体的思考。

随着整个社会信息化程度的提升，借助信息技术改善人才培养模式，提升教育质量，实现教育公平，受到教育研究者和教育实践者的高度关注。同时，教师在实践过程中也遇到了不少困惑和难题，面对这些，教师应认清方向，边尝试边总结，争取逐步完善教学实践，提升教育质量。

复合型商务英语专业的教学必然需要复合型师资。这里提到的复合型师资，是指具有并且能融合两个或两个以上专业或学科（英语+商务）的基本知识、基本技能和基本素质的教师。除此之外，复合型商务英语教师还应具备一些特定的素质，例如，具有良好的职业道德、先进的教育理念，善于与学生、同事、上级、社会人士建立与发展健康交往关系的技能等。总的说来，复合型商务英语教师是指：理论基础扎实、知识面宽，具有较强的知识更新、专业迁移能力以及良好的社会适应能力，能胜任跨学科教学的教师。

21世纪是人才的社会，需要的是复合型的人才，而复合型的外语人才离不开教师的培养，高质量的复合型人才更离不开高质量的复合型教师。所以，我们必须认识到当前培养复合型外语教师的必要性，教师的培养是一个循序渐进的长期的系统的工程，这就要认真研究，系统规划，合理安排，最重要的是要持之以恒地坚持下去，只有这样，才能建设一支适合当今社会发展需求的复合型外语教师队伍，才能真正提高办学综合实力，才能为国家和社会培养大批合格的复合型外语人才。

参考文献

[1] 曹敏．基于区域经济的复合型商务英语人才培养策略［J］．大众投资指南，2020（3）．

[2] 常海．建构主义学习理论指导下的商务英语口语教学［J］．英语广场，2020（14）．

[3] 车文博．人本主义心理学元理论［M］．北京：首都师范大学出版社，2010．

[4] 陈海燕．高职商务英语专业实践教学体系研究［M］．北京：北京理工大学出版社，2016．

[5] 陈环坏．基于模块化教学的商务英语教学模式构建研究［J］．黑龙江教育学院学报，2019，38（4）．

[6] 陈娴，王珊珊，等．"一带一路"背景下商务英语人才培养之瓶颈及对策研究［J］．经济技术协作信息，2020（6）．

[7] 崔昌淑．心理辅导课的教学研究［M］．广州：广东高等教育出版社，2014．

[8] 崔曦．图示理论在商务英语听力教学中的应用探索［J］．校园英语，2021（5）．

[9] 戴歆．高校商务英语专业翻转课堂教学模式探索与实践［J］．科教文汇（中旬刊），2020（6）．

[10] 董筠．浅谈"一带一路"背景下的商务英语阅读教学［J］．学园，2017（31）．

[11] 方法林，孙爱民．基于"创新创业+"的人才培养模式研究与实践［M］．北京：旅游教育出版社，2017．

[12] 冯婷．构建主义教学理论指导下的商务英语教学——评《商务英语教学理论研究》［J］．当代教育科学，2018（8）．

[13] 高丹．商务英语写作教学探析［J］．魅力中国，2019（29）．

[14] 顾亚娟．移动终端辅助下的商务英语口语教学改革探究［J］．佛山科学

技术学院学报（自然科学版），2020（5）.

[15] 郭晓露，郭红梅. 商务英语阅读教学改革研究 [J]. 校园英语，2020 (49).

[16] 郭欣，刘曲. 图式理论在大学英语阅读教学中的应用 [M]. 沈阳：白山出版社，2015.

[17] 郭颖，汤淼，杨东. 基于图式理论的英语听力教学研究 [M]. 哈尔滨：东北林业大学出版社，2009.

[18] 韩吉珍. 职前教师实践性知识研究 [M]. 太原：山西科学技术出版社，2016.

[19] 郝晶晶. 商务英语教学理论与改革实践研究 [M]. 成都：电子科技大学出版社，2017.

[20] 何佩蓉. 基于跨境电商创新创业发展的商务英语教学模式初探 [J]. 才智，2019（9）.

[21] 何伟莲. 商务英语语言与文化研究 [M]. 北京：中国商务出版社，2011.

[22] 洪慧. 微课在"商务英语口语"教学中的实践探究 [J]. 科学大众（科学教育），2019（10）.

[23] 胡柏翠，刘宏玉. 基于"互联网+"的商务英语翻转课堂模式构建 [J]. 山东农业工程学院学报，2019，36（4）.

[24] 胡凌. 新媒体技术下中国高校商务英语教师信念及教学模式演化研究 [M]. 长沙：湖南大学出版社，2014.

[25] 胡小玲. 基于语言模因论的商务英语口语教学 [J]. 宁波教育学院学报，2019，21（6）.

[26] 黄芳. 大学生批判性思维能力培养实践探索 一项基于商务英语教学的行动研究 [M]. 青岛：中国海洋大学出版社，2016.

[27] 黄雪贞. 高职商务英语"翻转课堂"教学探索 [J]. 湖北开放职业学院学报，2019，32（3）.

[28] 贾永青. 跨文化视角下商务英语口语教学改革与探讨 [J]. 科教导刊，2020（9）.

[29] 姜欣桐. 探讨商务英语听力教学 [J]. 知音励志，2016（5）.

[30] 蒋景东. 商务英语教学论 [M]. 杭州：浙江大学出版社，2011.

[31] 蒋景东. 商务英语语言的经济学特性分析研究 [J]. 英语广场，2020 (30).

[32] 蒋萍. 错误分析理论与商务英语写作教学 [J]. 长江丛刊，2018（29）.

[33] 景怡. 浅析高职商务英语听力教学与思辨能力培养［J］. 新教育时代电子杂志, 2019（40）.

[34] 乐国安, 周详, 潘慧. 教育心理学［M］. 天津: 南开大学出版社, 2014.

[35] 乐国斌. "互联网+" 时代商务英语教学模式研究［M］. 长春: 东北师范大学出版社, 2018.

[36] 李斌, 徐波锋. 国际教育新理念［M］. 福州: 福建教育出版社, 2015.

[37] 李芳. 商务英语谈判中的翻转课堂［J］. 文教资料, 2018（32）.

[38] 李凤来, 韩爱学, 等. 技术提供支持 现代教育技术与应用［M］. 保定: 河北大学出版社, 2012.

[39] 李梦婷. 图示理论视角下的商务英语阅读教学分析［J］. 校园英语, 2020（13）.

[40] 李明宇, 李丽. 马克思主义生态哲学 理论建构与实践创新［M］. 北京: 人民出版社, 2015.

[41] 李萍. 商务英语阅读教学探讨［J］. 现代商贸工业, 2018, 39（2）.

[42] 李庆元, 等. 理解课堂 知识对接心灵［M］. 武汉: 武汉大学出版社, 2016.

[43] 李思艺. 基于互动理论的商务英语阅读教学研究［J］. 英语广场, 2020（9）.

[44] 李园园. 商务英语教学与人才培养研究［M］. 北京: 世界图书出版公司, 2018.

[45] 李兆义, 桑苏玲, 杨彦栋. 现代教育技术［M］. 北京: 北京理工大学出版社, 2019.

[46] 梁欢. 基于成果导向的商务英语教学模式探析［J］. 校园英语, 2020（12）.

[47] 廖桂宇. 互联网背景下商务英语教学模式建构分析［J］. 教育观察, 2020（18）.

[48] 廖瑛, 莫再树. 国际商务英语语言与翻译研究［M］. 北京: 机械工业出版社, 2005.

[49] 林湛. 学校形象识别系统的研究［M］. 厦门: 厦门大学出版社, 2015.

[50] 刘动博. 高校商务英语翻译课程"翻转课堂"的实证探讨［J］. 东西南北, 2019（5）.

[51] 刘磊, 邓微. 商务英语教学与案例教学法［J］. 校园英语, 2019（13）.

[52] 刘沛. 商务英语教学理论与实践［M］. 武汉: 武汉大学出版社, 2015.

[53] 刘淑颖.大学英语教学法研究[M].北京:国防工业出版社,2006.

[54] 刘洋.关联理论在商务英语听力教学中的应用[J].校园英语,2018(38).

[55] 吕晓轩,等.商务英语教学评价理论与实践研究[M].哈尔滨:黑龙江大学出版社,2016.

[56] 罗惠卿.基于分层次理念的商务英语教学模式特点及实践[J].经贸实践,2017(20).

[57] 马蕾.商务英语教学方法探析[J].新教育时代电子杂志(教师版),2020(23).

[58] 马腾.商务英语人才培养模式研究[M].西安:西安交通大学出版社,2017.

[59] 欧阳芬.多元智能与建构主义理论在课堂教学中的应用[M].北京:中国轻工业出版社,2004.

[60] 欧阳文萍.高职商务英语人才培养探索与研究[M].西安:西安交通大学出版社,2017.

[61] 秦丽华,高国.高校商务英语写作教学探析[J].明日风尚,2016(14).

[62] 沈学恩.面向市场的商务英语人才培养研究[J].现代营销(创富信息版),2019(11).

[63] 盛美娟,王姗.应用型人才培养视角下商务英语写作教学的问题及对策研究[J].对外经贸,2020(7).

[64] 宋艳玲.新建构主义理论下的BEC考试与商务英语教学的理论探究[J].金融理论与教学,2019(3).

[65] 宋玉萍,林丹卉,陈宏.图式理论指导下的大学英语教学研究[M].北京:知识产权出版社,2019.

[66] 谭莉,刘宏玉.基于多元智能理论的高校商务英语专业教学改革[J].山东农业工程学院学报,2020,37(4).

[67] 汤熙.基于内容教学法的商务英语教学实践探索[M].苏州:苏州大学出版社,2017.

[68] 田卉.任务型商务英语教学研究[M].北京:国防工业出版社,2011.

[69] 田雪静.商务英语口语教学浅析[J].佳木斯职业学院学报,2017(3).

[70] 万鹏.基于POA的商务英语写作教学探析[J].创新创业理论研究与实践,2021,4(5).

[71] 汪东风.专业特色创新人才培养理论与实践[M].青岛:中国海洋大学

出版社，2016.

[72] 王光林，彭青龙．商务英语教学与研究［M］．上海：上海外语教育出版社，2008.

[73] 王光林．商务英语教学与研究 第5辑 商务沟通研究专辑［M］．上海：上海外语教育出版社，2016.

[74] 王海英．高职院校商务英语教学模式的探索［J］．教育教学论坛，2020（31）．

[75] 王坤．面向高等院校人才培养规划教材 商务英语口语［M］．杭州：浙江大学出版社，2013.

[76] 王柠．商务英语教学模式研究与应用［M］．咸阳：西北农林科技大学出版社，2019.

[77] 王旭忠．商务英语语言特点及其翻译原则［J］．佳木斯职业学院学报，2020，36（2）．

[78] 王奕标．透视翻转课堂 互联网时代的智慧教育［M］．广州：广东教育出版社，2016.

[79] 王悦．商务英语语言特征与翻译研究［M］．天津：天津科学技术出版社，2019.

[80] 王卓，周展旭．解读商务英语的语言特点及翻译策略［J］．校园英语，2020（18）．

[81] 魏金声．人本主义与存在主义研究［M］．北京：人民出版社，2014.

[82] 魏黎．基于连接主义的商务英语人才培养模式新探［J］．山东农业工程学院学报，2018，35（2）．

[83] 伍丽媛．微课程的设计理论及应用［M］．成都：四川大学出版社，2017.

[84] 武德力．基于EOP模式的高职商务英语阅读教学实证研究［J］．文教资料，2021（3）．

[85] 夏璐．高校外语教育与研究文库 商务英语教学设计［M］．武汉：华中科技大学出版社，2016.

[86] 肖虹．商务英语翻转课堂应用探讨［J］．齐齐哈尔师范高等专科学校学报，2019（1）．

[87] 徐琴．跨文化交际能力与商务英语教学［J］．时代金融，2018（35）．

[88] 杨春秀．基于ESP理论的大学英语后续商务英语教学［J］．校园英语，2019（44）．

[89] 杨风禄．人力资本与企业剩余索取权安排 现代企业激励理论的人本主义

诠释［M］．北京：经济科学出版社，2007.

［90］杨珊．商务英语教学方法初探［J］．戏剧之家，2020（10）．

［91］杨雅芬．浅析商务英语阅读教学［J］．教育现代化，2018，5（31）．

［92］姚方杰．旅游类高职院校商务英语教学模式的探讨与创新［J］．国际公关，2019（8）．

［93］姚坚．商务英语教学中的社会与文化研究［J］．英语广场，2020（21）．

［94］于晓红．商务英语写作教学中的"支架"研究［J］．财富时代，2019（6）．

［95］袁本钊，等．"教师助导 四轮驱动"教学模式的探索与实践［M］．青岛：中国海洋大学出版社，2015.

［96］袁林．商务英语课程体系研究 全球化高端人才培养视域［M］．杭州：浙江工商大学出版社，2012.

［97］远新蕾，赵杰，陈敏．信息技术支持下的课堂教学［M］．北京：冶金工业出版社，2017.

［98］张含璞．应用型地方本科院校商务英语听力教学中学生创新能力培养策略研究［J］．现代经济信息，2019（30）．

［99］张杰．商务英语教学模式与专业发展研究［M］．北京：中国商务出版社，2019.

［100］张甜甜．体验式商务英语口语教学模式探究［J］．智库时代，2020（28）．

［101］赵敏，马丽．商务英语教学模式新探［J］．山西广播电视大学学报，2020，25（2）．

［102］赵雯．商务英语的语言特点探究［J］．校园英语，2019（41）．

［103］赵雪融．大学商务英语人才培养模式探究［J］．新玉文艺，2020（3）．

［104］赵艳玲，姜勇．商务英语阅读教学与学生批判性思维能力的培养［J］．考试与评价（大学英语教研版），2017（5）．

［105］郑晶，魏兰，康添俊．图式理论与外语教学实证研究［M］．上海：上海大学出版社，2017.

［106］周梅．图式理论在商务英语听力教学中的应用［J］．海外英语，2021（6）．

［107］周茜．翻转课堂在商务英语翻译教学中的实践研究［J］．吉林农业科技学院学报，2020，29（6）．

［108］朱婧．元认知调控与商务英语写作教学探讨［J］．才智，2021（3）．

［109］朱竹嫔．商务英语教学中的课堂导入艺术［J］．中国外资，2019（6）．

［110］祝婷婷，张黎黎．翻转课堂 颠覆文献检索课的教育革命［M］．长春：吉林大学出版社，2014.